BREVIS NARRATIO

EORVM QVÆ IN FLORIDA AMERICÆ PROVICIA
Gallis acciderunt, secunda in illam Nauigatione, duce Renato de Laudoniere classis Præfecto:

Anno M D LXIIII.

QVAE EST SECVNDA PARS AMERICAE.

*Additæ figuræ & Incolarum eicones ibidem ad vivū expressæ:
brevis item Declaratio Religionis, rituum, vivendique
ratione ipsorum.*

Auctore

Iacobo le Moyne, cui cognomen de Morgues, Laudonierum,
in ea Nauigatione secuto.

Nunc primum Gallico sermone à Theodoro de Bry Leodiense
in lucem edita: latio verò donata a C.C.A.

Cum gratia & priuil. Cæs. Maiest. ad quadriennium

FRANCOFORTI AD MOENVM
Typis Ioannis Wecheli, Sumtibus verò Theodori
de Brij ANNO M D XCI.
Venales reperiūtur in officina Sigismundi Feirabendij

ILLVSTRISSIMO

PRINCIPI AC DOMINO

Dn. CHRISTIANO, DVCI SAXONIÆ,

Landgravio Thvringiæ, Marchioni Misniæ,
Burggravio Magdeburgensi, Sac. Rom. Imperii Archimarschalco
& Electori, &c. Domino suo Clemen-
tissimo.

VLTIS placuit Ill.me *Princeps ac Domine Clementissi-*
me, Virginiæ *historia, quam* Ill.me *V. C. nomini dicavi.*
Nūc in lucē emitto Floridæ *historiam, perbrevem quidem*
illam, sed quæ multa scitu digna contineat paucis adhuc
cognita: & cum pluribus elegantioribusque iconibus &
picturis sit exornata quam superior, addita etiam Chorographia dili-

)(2

gantiſsimè expreſſa, quæ magnam venuſtatem illi conciliat (ſcio, enim nullam illius regionis deſcriptionem hactenus fuiſſe publicatam quæ huic comparari poſsit) magis adhuc placituram ſpero. Nam illa breuiter explicat quid Gallis duce Laudonniero in eam Prouinciam profecti acciderit anno M D L X V. & quam crudeliter contra iuſiurandum & datam ſidem ab Hiſpanis ſint trucidati: deinde Incolarū mores, ritus, ceremonias, victus rationem, & ornatum luculenter admodum exprimit. His ingenium vafrum, acre, ad bellum pronum, vindictæ cupidum, contra Virginienſibus mite & placidum.

Licet autem nullis ſumtibus (qui ſane non fuerunt leues) aut laboribus pepercerim, ut hæc Hiſtoria ornatior, plenior & abſolutior in lucem prodiret: non defuturos tamen ſuſpicor (ut tetricum, & alienos conatus carpendi prurigine laborans eſt quorundam ingenium) qui cauillentur.

Eam ob cauſam, ut Virginiæ patronum ante delegi Illmam V. C. ſub cuius præſidio tuta eſſe poſſet ab iſtorum vitilitigatorum & male feriatorum hominū Theonino dente: ſic eiuſdem Illma V. C. tutelæ commendandam putaui hanc ipſius ſororem Floridam.

Illam igitur eadem animi benignitate excipere & fouere dignabitur Illma V. C. cum ſorore longe venuſtior ſit, & me cum utraque commendatum habere.

DEVS OPT. MAX. Illmam V. C. omni felicitatis genere, pro diuina ſua clementia proſequi velit. Datum Francofurti ad Mœnum 30. Februarij, Anno reparatæ ſalutis humanæ c I ɔ I ɔ X C I.

Illmæ V.C.

humillimus cliens

Theodoricus de Bry
Leodienſis, & civis
Francofurtenſis.

NOLI existimare, benevole Lector, *Virginia*, quã ante aliquot menses publicam fecimus, & hanc *Floridæ*, quam tibi nunc proponimus, Historias nobis dumtaxat esse concessas, ut voluptatem ex earum lectione & intuitu caperemus; tametsi, ut verum fateamur, ea res magnopere animos etiam afficiat: sed potius, ut observatis immensis & admirandis Dei operibus, illi gratias agamus pro accepto beneficio, quòd se nobis patefacere, & salutis viam nos docere dignatus sit, cùm animadvertimus miseros istos Floridæ & vicinarum Provinciarum incolas (qui tamen ab uno ex Noë liberis haud dubiè originem duxerunt, à *Cham* verò potius, ut credibile est, quàm ab ullo ex reliquis) cognitionis Dei adeo esse ignaros. Alioqui sane eleganti corporis symmetria donati sunt, magni, robusti, audaces, agiles: summi tamen dissimulatores & infidi. Luridum & sordidum colorem habent, quem corporis inunctione oleo quodam, & Solis ardoribus contrahunt: nam recéns nati satis sunt albi.

Vt verò in Virginiæ hiſtoria ſignificavi à quo illius icones accepeɿ
etiam tibi ſignificandum duxi , hanc hiſtoriam & ejus icones in Angl
piſſe à vidua Iacobi le Moyne , cui alias cognomen de Morgues inditu
pictoris, qui Laudonnierum in eam Provinciam ſecunda navigatione ɩ
tus eſt, iſticque icones expreſſit , deinde rei geſtæ hiſtoriam conſcripſit
dum viveret aliquoties mihi oſtendit.

Gaudio igitur perfuſus me eam eſſe nactum, nullis ſumptibus pepɩ
illam prælo committerem , egóque & mei liberi diligentem operam in
mus incidendis in æreas tabulas iconibus, ut nitidiores eſſent, licet par
rabiles, quia delicatior illa ſculptura facilè atteritur. Mea tamen dilige
hil effeciſſem, omnia enim in varias ſchedas diſperſa acceperam , niſi
viri mei amici benevola opera in rebus ordine diſtribuendis adjutus ɩ
quin & Gallicum Hiſtoriæ ſermonem ille expolivit, & eam deinde Lati
cit, quemadmodum antea Virginiæ Hiſtoriam.

Provinciæ ergô Chorographiam, Incolarum icones, vivendi ratio
ritus ad vivum expreſſos, tibíque oblatos, ut non minus commodè, qu
ipſa Provincia verſareris, contemplari poſſis, eo animo accipe, q
tibi offeruntur: ſpero etiam futurum, Deo annuente,
ut aliquid adhuc aliud hujus fa-
rinæ accipias.

EXEMPLAR CÆSA-
rei Privilegij.

RVDOLPHVS II. Divina favente clementia electus Romano-
rum Imperator, semper Augustus, Germaniæ, Hungariæ, Bohe-
miæ, Dalmatiæ, Croatiæ, Sclavoniæ, &c. Rex, Archidux Austriæ,
Dux Burgundiæ, Styriæ, Carinthiæ, Carniolæ, Wirtembergæ,
&c. Comes Tyrolis, &c. Recognoscimus & notum facimus tenore
præsentium universis, nobis & Imperio dilectum Theodoricum de Bry civem Francofurti ad Mœnum, humiliter nobis exponendum curasse, quod magna cura & magnis sumptibus Incolarum Americæ habitus, ritus & mores in æneas tabulas incide-
rit, quod opus libenter in lucem emittere cuperet, demisse etiam supplicasse (quandoquidem nemini id adversum, sed multis gratum futurum sit, magniq; in eam rem sum-
ptus sint ipsi faciendi) ut Cæsareo nostro privilegio eum munire clementer dignemur,
ne cuiquam alteri, qui suum commodum cum ipsius summo detrimento quærit, æneas
istas tabulas aut icones vel hoc opus imitari aut exprimere liceat. Nos illius humilibus
precibus annuentes, ex certa nostræ Cæsareæ Maiestatis scientia & authoritate hanc
gratiam & privilegium prædicto Theodorico de Bry concedimus, ut prædictos typos
& icones in lucem edat, & ne intra quadriennium ab huius privilegii concessione sup-
putandum, quispiam, quicumque tandem ille sit, istas icones ad imitationem excudat,
aut sic impressas invehat, importet, aut vendat. Quapropter inhibemus singulis nostris
& sacri Imperii subditis & fidelibus, cuiuscunque dignitatis, status & conditionis
sint, præsertim autem omnibus Typographis, bibliopolis, aliisque librariam negociatio-
nem exercentibus, nisi nostram indignationem & gravem pœnam incurrere velint; &
vetamus, ne quis eorum, aut alius eorum nomine, prædictas æreas tabulas & icones
quas sæpe memoratus Theodoricus de Bry excudet, intra dictum quadriennium ad
imitationem imprimat, aut sic impressas circumvehat, venales proponat aut quoquo
modo distribuat, aliosve id facere permittat, sub pœna nostra indignationis & amissio-
nis singulorum exemplarium dictæ impressionis, quæ sæpedictus Theodorus de Bry,
ubicumque locorum nactus fuerit, per se, vel suos, propria authoritate & sine impedi-
mento sibi vendicare, atque illis pro suo arbitrio uti poterit, libere, & sine detrimento.
    Debebit tamen sæpe præfatus Theodoricus de Bry, nisi hac nostra gratia & pri-
vilegio privari velit, tria præfata impressionis exemplaria propriis impesis ad nostram
Imperialem Cancellariam transmittere. Harum testimonio literarum manu nostra
subscriptarum & sigilli nostri impressione munitarum, Datum in nostra Regia arce
Pragæ, vigesima quarta Martii, Anno Domini Millesimo quingentesimo & nonagesimo, Regnorum nostrorum Romani decimoquinto, Hungarici decimooctavo,
& Bohemici etiam decimoquinto.

Rudolphus.

                                  Ad mandatum sacræ Cæs[e]
                                  Ma[tis] proprium

  Iacob Kurz von
    Sennftenau.

                                      A. Erstenberger.

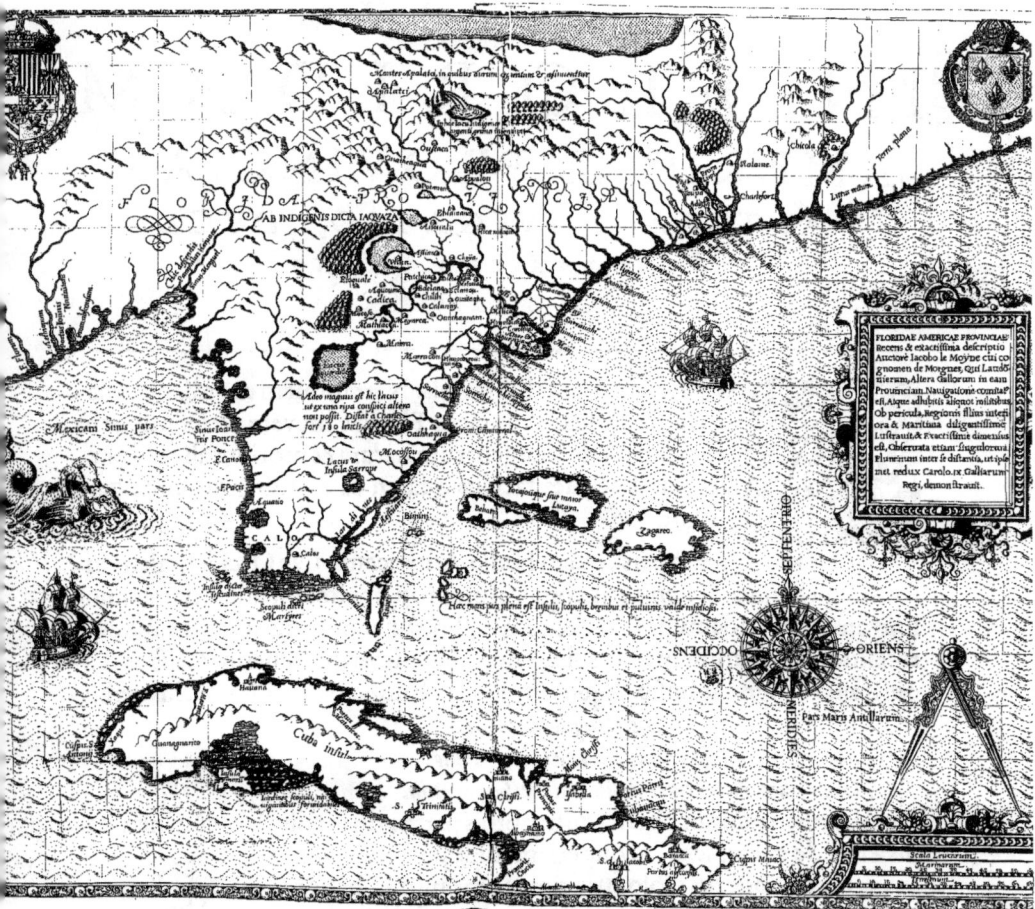

FLORIDA PROVINCIE AB INDIGENIS DICTA IACVAZA

Mexicani Sinus pars

Hæc mons jam plena est Insulis, scopulis, brevibus et palustris valde misteriosis.

Cuba insula

Havana

Guanaganico

S. Trinidad

OCCIDENS — ORIENS

Par Mare Antillarum.

FLORIDAE AMERICAE PROVINCIAE
Recens & exactissima descriptio
Auctore Iacobo le Moyne cui co-
gnomen de Morgnes, Qui Laudo-
nierum, Altera Gallorum in eam
Prouinciam Nauigatione comitat'
est. Atque adhibitis alienis militibus
Ob pericula, Regionm illius interi-
ora & Maritima diligentissime
Lustrauit.& Euacrissime dimensus
est, Obseruata etiam singulorum
Fluminum inter se distantia, ut ipse
met redux Carolo.ix. Galliarum
Regi, demonstrauit.

GALLORVM
IN FLORIDAM
AMERICAE PROVINCIAM
ALTERA NAVIGATIO, DVCE
LAVDONNIERO, ANNO
M D LXIV.

A N T E quàm hujus Historiolæ Narrationem exordiar, operæ-pretium esse duxi Provinciæ Floridæ brevem Descriptionem prius dare, & de Indigenarum natura & moribus aliquid præfari, ut Lectores facilius quæ in ea continentur, intelligere possint.

ORBIS Quarta pars, quam hodie Americam, sive Occidentalem Indiam appellamus, Veteribus incognita fuit, propter nimiam distantiam: quinimo omnes Occidentis Insulæ, & eæ quæ Fortunatæ dicuntur, solummodo à recentioribus fuerunt inventæ: licet nonnulli affirmare voluerint Cæsaris Augusti ætate cognitas fuisse, atque Virgilium id innuere Æneidos VI. his verbis:

--- jacet extra sidera tellus,
Extra anni, Solisque vias, ubi cælifer Atlas
Axem humero torquet stellis ardentibus aptum.

Facile tamen judicari potest, de hac orbis parte non intellexisse, cùm nemo ejus ætate de ea scripserit; neque etiam mille post eum annis.

Christophorus Colonus primus omnium in hanc terram appulit anno Salutis humanæ quadringentesimo nonagesimo secundo supra millesimum; & quinto post anno Americus, ex Regis Castellæ mandato eo profectus, ex suo nomine Americam nuncupavit, quod nomen postea retinuit. Feliciter versatus is erat in Astronomia, & navigationis peritus: itaque multas provincias veteribus Geographis incognitas observavit. Vocatur à nonnullis *Brasilia*, & *Terra Papagalli*: patet auctore Postello à polo ad polum, excepto Freto Magellanico, ubi desinit, quinquaginta duobus gradibus ultra Æquatorem.

Eam porro facilioris intelligentiæ causa in tres primarias partes dividam. Quæ ad polum Arcticum sive Septentrionem vergit *Nova Francica* appella-

tur, quia anno millesimo quingentesimo vigesimo quarto, *Ioannes Verrazanus*
Florentinus missus à Rege *Francisco I.* & Matre ipsius Regno Præfectæ, in novum orbem, totum littus illud marinum observavit, quod à Tropico Cancri
fere, scilicet à vigesimo octavo gradu usque ad quinquagesimum protenditur,
atque etiam ulterius versus Septentrionem: & Regis insignia fixit: sic ut Hispani ipsi, qui postea eò appulerunt, illam Americæ partem, Terram Franci-
cam nominarint. Latitudo autem ejus est à vigesimo quinto gradu, ad quinquagesimum quartum ad Septentrionem: longitudo verò, à ducentesimo
octuagesimo ad trecentesimum trigesimum. Orientalis ejus pars à recentioribus *Norumbega* dicitur, ad sinum usque *Gamas* extensa, quo à *Canada* (ad
quam *Robertvallus* & *Iacobus Carterius* pervenerunt anno millesimo quingentesimo tricesimo quinto) discreta est. Circa hanc multæ sunt insulæ, & inter eas Terra de *Labrador* nuncupata ad *Gronelandiam* tendens. Occidentalis
pars multas Provincias jam cognitas continet, quales sunt *Quivira*, *Cevola*,
Astatlan, & *Tetlichichimichi*. Meridionalis, *Florida* appellatur, quia Palmarum
die, quem Galli *Floridum Pascha* vocant, fuit observata. Borealis pars plane est
incognita.

Americæ pars altera *Hispania nova* nuncupatur: incipit à Tropico Cancri, videlicet vicesimoquinto gradu ad nonum. In ea sita est *Themistitan*, mul-
tasque continet Provincias, & insulas adjacentes, ut quas nominant *Antillas*,
quarum primariæ & magis celebres *Hispaniola* & *Isabella*, & aliæ innumeræ.
Totius hujus partis longitudo, comprehensis etiam Mexicano sinu & omnibus supradictis insulis, est septuaginta duntaxat graduum, à ducentesimo videlicet & quadragesimo quinto, usque ad trecentesimum & decimum quintum: longa igitur & arcta est *Italiæ* modo.

Tertia *Americæ* pars *Peru* dicitur: ampla est admodum, ejusque altitu-
do est à decimo gradu cis Æquatorem ad quinquagesimum secundum trans
Æquatorem, nempe ad fretum usque Magellanicum. Forma ejus ovalis, undique admodum cognita: qua magis in latitudinem patet sexaginta gradus
continet, inde ad utrumque extremum paulatim gracilescit. In quadam ejus
parte, videlicet sub Tropico Capricorni, habitavit *Villagagnonus*, & eam *Franciam Antarcticam* appellavit, quoniam ad polum Antarcticum tendit, ut Eu-
ropæa ad Arcticum.

Nova Francia ejusdem fere amplitudinis cum nostra *Europa*: ejus tamen
pars magis cognita & culta, est *Florida*; ad quam multi Galli variis navigatio-
nibus pervenerunt; cultissima igitur est totius Novæ Franciæ Provincia. Ejus
Promontorium centum leucis in mare protenditur, atque ad Septentrionem
vergit. Ex adverso habet vigintiquinque leucis distantem insulam *Cubam*, quæ
alio nomine *Isabella* dicitur: ad Orientem *Bahamam*, & *Lucaiam*: ad Occidentem Mexicanum sinum. Plana est regio, multis fluminibus secta, eam ob causam humidior & arenosa in maritimis. Istic nascitur magna Pinorum quanti-
tas, quorum strobili nucleis carent. Nascuntur quercus, Iuglandes, sylvestria
cerasa, Mora, Lentisci, Castaneæ, Gallicis tamen magis sylvestres, frequentes
cedri,

cedri,cupreſſi, lauri, palmæ, aquifoliæ, & vites ſylveſtres, vicinas arbores ſcandentes, & edulas uvas proferentes. Meſpilorum item genus, quorum fructus Gallicis præſtantior & craſſior eſt; ſunt etiam iſtic pruna fructu eleganti, ſed non admodum grati ſaporis: Rubus item Idæus, & exigui quidam fructus palato valde grati, quos Galli *Bleves* (Germanorum Heydelbeer forte) appellant. Creſcunt etiam radices eorum lingua *Hatle* dictæ, è quarum farina in annonæ penuria fit panis.

Quadrupedes iſtic vulgatiores ſunt Cervi,Cervæ,Hinnuli,Damæ,Vrſi, Leopardi,Lupicervarii,Lynces,Luporum varia genera, ſylveſtres canes,Lepores,Cuniculi; Aves, Gallo-pavones, Perdices, Pſittaci, Columbæ, Palumbes, Turtures,Merulæ,Cornices,Accipitres,Falcones,Æſalones,Ardeæ,Grues,Ciconiæ,Anſeres ſylveſtres,Anates,Corvi aquatici, Ardeolæ albæ,rubræ, nigræ, & cinereæ,& aquaticæ aliæ quamplurimæ. Tanta eſt Crocodilorum frequentia, ut homines natantes ſæpenumero ab illis appetantur, ſerpentum varia genera, & animalis quoddam genus non multum ab Africanis leonibus diverſum. Auri & argenti,quibus inter ſe commercia exercent, copia apud eos invenitur, quam, ut ab ipſis intellexi, ex navium quæ ad littora alliduntur naufragio adipiſcutur: & facile ita ſe rem habere mihi perſuadeo, quia circa Promontorium, ubi maxima ex parte naves pereunt, plus eſt argenti quam in ora Septentrionali. Aſſerunt tamen in montibus *Apalatcy* æris (quod aurum eſſe exiſtimo) venas eſſe. Creſcit iſtic etiam radix Chinæ,ad veneream luem curandam valde accommoda: atque innumera ſemina & herbæ, è quibus colores varii & elegantes ad tingendum & pingendum utiles fieri poſſent. Indigenæ certè iis uti norunt ad pelles variis coloribus inficiendas: luridi & fœdi coloris ſunt, eleganti tamen corporis ſymmetria præditi,magni, & nervoſi, Obſcenas partes tegunt cervina pelle eleganter parata. Maxima illorum pars corpus,brachia,femora pingit elegantibus & concinnis figuris, quarum color numquam obliteratur: in ipſa enim cute ſunt impreſſæ notæ ſive puncturæ. Nigros habent capillos,& ad coxendices uſque promiſſos: in nodum tamen ſatis concinnè colligere ſolent. Summi ſunt diſſimulatores & infidi, ſtrenui tamen & pugnaces,nec alia habent, præter arcum & ſagittas,arma. Arcus nervum ex cervino inteſtino aut corio adeo concinnè parare norunt, ut Galli melius non poſſint, & variis coloribus inficiunt; pro mucrone ſagittarum ſunt piſcium dentes & lapides affabrè adaptati. Adoleſcentes curſu, ſagittarum miſſione, & pilæ ludo exercentur, ut in figura 36. expreſſum & declaratum eſt. Venatione & piſcatione magnopere delectantur. Reges bella inter ſe gerunt aſſidua fere, nulliſque viro hoſti, quem capere poſſint,parcunt; deinde caput adimunt, ut cutem cum capillis habeant, qua domum reverſi trophæum ſtatuant, feminis & infantibus parcunt, perpetuoſque apud ſe retinent & educant. Domum ex bello reverſi,omnes ſuos ſubditos convocant, & præ gaudio tres-cotinuos dies ac totidem noctes genio indulgent, ſaltant,& canunt. Totius ſui dominii vetulas capillos hoſtium manu tenentes ſaltare compellunt, atque ſaltando laudes Soli accinere,ipſi victoriam, ex hoſtibus relatam,acceptam ferentes. Nul-

Conſule figur. 41.

Conſule figur. 11.

Fig.36.

Conſule fig. 15.& 16.

Iam Dei habent notitiam, neque ullam religionem: quod illis conſpicuum eſt, veluti Sol & Luna, illis Deus eſt. Sacrificos habent quibus valde fidunt: magni enim ſunt magi, arioli, & dæmonum invocatores. Funguntur etiam ii ſacrifici Medicorum & Chirurgorum munere; ejus rei cauſa ſemper circumferunt ſaccum herbis & medicamentis plenum, ad ægros curandos, qui plerumque venerea lue laborant: nam feminarum & virginum, quas Solis filias nuncupant, amoribus ſunt admodum dediti; inter illos tamen etiam nonnulli ſodomitæ. Singuli ſingulas habent uxores, Regibus autem binas aut ternas habere

Conſulefig.
37. & 38.
permiſſum: ſola tamen primùm ducta colitur, & pro Regina agnoſcitur; quin & ſoli hujus primariæ liberi, in paternam hæreditatem atque auctoritatem ſuccedunt. Feminæ omnem rem domeſticam curant: cùm ſunt gravidæ, viri earum conſuetudinem fugiunt, neque ulla re veſcuntur, quam illæ menſtruis

Expreſſi
fig. 17.
laborantes attigerint. Abundat tota ea regio Hermaphroditis, qui omnes pene labores ferre coguntur: imo etiam annonam viris ad bellum proficiſcentibus geſtare ſolent. Faciem illi pingunt, & crines tenuioribus atque delicatioribus avium plumis ſive villis implent, ut eò terribiliores appareant. Annona ſunt panis, mel, farina ex mayzó toſto & uſtulato confecta; ſic enim paratum diutius incorruptum permanet. Interdū etiam piſces fumo exſiccatos geſtant. In annonæ penuria varias ſordes deglutiunt, etiam carbones & arenam in jam dictæ farinæ pultem ingerentes. Illis ad bellum proficiſcentibus, Rex primum obtinet locum manu baculum tenens, altera arcum, pendente ex humeris pharetra ſagittis plena. Reliqui eum ſequuntur arcu & ſagittis armati. In pugna magnos clamores edunt. Nihil moliūtur, quin prius aliquoties concilium cogant, & de ſingulis egregiè deliberant ante quam quidquam ſtatuant. Sin-

Fig. 29.
gulis diebus mane conveniunt, ut in icone 29. declaratum & expreſſum eſt. Mortuus Rex eadem ratione ſepelitur, quæ deſcribitur & exprimitur figura

Fig. 40.
40. Bis ſingulis annis Mayzum ſerunt, Martio videlicet & Iunio, atque id eodem loco. Tertiq à ſatione menſe, maturum colligitur. Reliquis ſex menſibus tellus inculta manet. Elegantes etiam illas cucurbitas, quæ citrulli vulgo appellantur, & optimas fabas colunt. Terram non ſtercorant; ſed ſerere volentes, ignem plantis, per ſex illos menſes, quibus terra quievit, ſpóte enatis, duntaxat

Videfig. 21
inijiciunt, easque adurunt. Terram fodiunt ligneo inſtrumento ligonis in modum fabrefacto, quo Gallica vineta coluntur: binaque ſemper mayzi grana ſimul inijiciunt. Sementem facere volentibus, Rex alicui è ſuis imperat, omnes ſuos ſubditos ſingulis diebus convocet ad telluris culturam: interea Rex magnam potionis illius, cujus in figura 29. facta eſt mentio, quantitatem parare

Conſule fi-
gur. 22.
jubet, quæ operis præbeatur. Collectum mayzum in publicas ædes infertur, ubi in ſingulos, pro eorum dignitate, diſtribuitur. Tantum verò duntaxat ſerunt, idque ſatis parcè, quantum in ſex menſes ſuffecturum exiſtimant; nam ſingulis annis hieme in ſylvas ſecedunt, iſticque tres aut quatuor menſes hærent in tuguriolis ex palmarum ramis paratis, glande interea victitantes; piſcibus quos capiunt, oſtreis, cervorum quos venantur carnibus, Gallopavonibus

Fig. 24.
& aliis animalibus. Omnia eorum edulia ſupra carbones uſtulata ſunt, hoc eſt,

fumo

fumo quodammodo coƈta & indurata.   Libenter vefcuntur Crocodilorum
carne, quæ profeƈto candida & nitida eſt, eamǫue ſæpius ediſſemus,niſi mo-
ſchum nimium redolere nobis viſa fuiſſet. Invaluit apud eos conſuetudo, ut
ſi quis ægritudine corripiatur, venæ ſeƈtionis, apud nos uſitatæ,loco, æger loco ubi dolorem ſentit,ab ipſorum medicis ſugatur, donec ſanguinem eliciant. ᴵⁱᵍ·²ᶜ·
Grandes etiam ſunt feminæ, & alacres, ejuſdem cum viris coloris, quemadmodum & viri piƈtæ: recens tamen natæ,non ſunt adeo luridę, ſed multo can-
didióres. Nam potiſſimum conciliatur is color olei cujuſdam, magni inter eos
uſus,inunƈtione,ob certos quoſdam ritus, quos intelligere non potui, tum etiam Solis, qui eorum corpora expoſita, ſunt ardoribus.   Feminarum tanta eſt
agilitas, ut magna etiam flumina natando ſuperare poſſint, licet liberos altero
brachio ſuſtineant: imo in altiſſimas totius regionis arbores conſcendendo
evadunt.

Cæterum ad Hiſtoriæ contextum nunc veniamus.

a   3

NARRATIO.

Admonitus ab Admirallio Caſtilionæo CAROLVS IX. Galliarum Rex, nimium procraſtinari auxilia, quæ paucis iis Gallis, in Florida ad obſequium ipſi Regi præſtandum à Ioanne Ribaldo relictis, mitti debebant; Admirallium naves ad eam rem neceſſarias expedire juſſit. Commendat interea Regi Admirallius nobilem virum Renatum de Laudonniere, aulæ ſuæ familiarem, virum ſane multarum rerum peritum, verum nó tam artis militaris ſcientia atque uſu præditum quàm rerum nauticarum: hunc Rex ſui Legati ſive Locum-tenentis titulo inſigniit; atque in eam expeditionem nummorum Francorum centum millia numerari curauit. Admirallius omni virtutum genere præditus, & Chriſtiana pietate inſignis, cupiens Regia negotia fideliter adminiſtrari, Laudonnierum ſui officii admonet, atque ut cum omni fide munere ſuo fungatur, hortatur; in primis autem viros deligat idoneos, atq; Deum metuentes, ſuæ profectionis comites, quandoquidem eam Religionem profiteretur. Iubet præterea conquirere quotquot poſſit homines in omnibus artibus egregiè verſatos: quod ut facilius conſequatur, datum illi diploma regio ſigillo obſignatum.

Laudonnierus igitur ad Gratianum portum, Gallis *Hable de Grace* dictum, proficiſcitur, naves inſtrui curat, & ſumma diligentia viros rerum peritos (ut ipſi imperatum) per univerſum regnum conquirit, adeo ut ſerio affirmare poſſim, adveniſſe ad illam navigationem ſuſcipiendam, viros in omnibus artibus egregiè verſatos: his ſeſe adjunxerunt plerique nobiles & antiquæ familiæ adoleſcentes, deſiderio quodam ſolummodo ducti exteras regiones luſtrandi, nam nullo ſtipendio, ſed propriis ſumtibus eam navigationem ſuſceperunt. Milites ex veteranis delecti, adeo ut nullus inter eos eſſet, qui ordines ducere non mereretur. Accerſiti ſunt Diepa bini Naucleri noſtræ ætatis nobiliſſimi, Michaël le Vaſſeur, & Tribunus Thomas le Vaſſeur ejus frater, uterque Regis ſtipendiarius in Claſſe Regia: his ut me adjungerem, & ad Laudonnierum proficiſcerer imperatum. Advenientes illé humaniter & cum magnificis pollicitationibus excepit; verùm non ignarus aulicos homines liberaliter promittere ſolere, ipſius mentem intelligere volui, & cujus rei gratia Rex, ut ipſe dicebat, meo obſequio uti vellet. Tum ille polliceri, mihi nullum obſequium niſi liberum imperandum; duntaxat meum munus futurum, cùm in Indiam perveniremus, ut maritimæ oræ delineationem conficerem, urbium ſitum, fluminum altitudinem & curſum obſervarem: præterea portus, Incolarum domicilia, & quidquid ſingulare in ea Provincia eſſet. Quod qua potui fide, præſtiti, uti ab Hiſpanorum inſigni perfidia & atroci crudelitate liber, & in Galliam redux ſuæ Majeſtati demonſtravi.

Viceſima ſecunda porrò Aprilis anno 1564. tres noſtræ naves explicatis velis è Gratiano portu ſolverunt, recta ad Fortunatas inſulas, quas nauticum genus Canarias appellare ſolet, tendentes; deinde Tropico vicini, ad Antillas

insulas

infulas pervҽnimus, in quarum una, Dominica nuncupata, recentem aquam hauſimus, duobus tamen è noſtris deſideratis. Vlterius progreſſi, ad Floridæ, quam *Novam Franciam* appellant, maritimam oram, die Iovis viceſima ſecunda Iunii ſubſequentis appulimus.

Laudonnierus obſervato flumine, cui Ribaldus Maii cognomen dederat, maximè commodo ad naves admittendas; & in quo propugnaculum extrui poſſet, omnem diligentiam adhibuit ut id effectum redderet: atque navium maximam, cui nomen Elizabeth à Honfleur, & Ioannes Lucas præerat, in Galliam remiſit. Interea tota ora maritima obſita erat immenſa virorum & mulierum ignes excitantium frequentia, ut merito nobis ab ipſis cavendum exiſtimaremus: paulatim tamen animadvertimus, eos minimè nobis nocere voluiſſe: quandoquidem multa amicitiæ & favoris indicia demonſtrarunt, rapti quodammodo in admirationem, cùm noſtra corpora à ſuis mollitie & teneritate differre conſpicerent, & veſtes quibus tegebamur inuſitatas: ex verò merces, quas à novis iſtis negotiatoribus accipiebamus, magna ex parte coſtabant ex rebus, quæ ab illis maximè æſtimantur, nempe quæcumque ad humani corporis alimentum & conſervationem ſpectant, ut mayzi grana toſta, aut in farinam redacta, aut ejus integras ſpicas; præterea lacertos & ſilveſtria animalia uſtulata, quæ illis ſunt deliciæ, tum varii generis radices; quarum nonnullæ edules, aliæ ad medicum uſum utiles. Denique cùm animadverterent Gallis magis placere metalla & lapides, nonnulli etiam ea attulerût. Porrò Laudonnierus agnoſcens noſtrorum cupiditatem, vetuit capitis pœna conſtituta, ne quod commercium cum Indis aut commutatio fieret auri, argenti, aut lapillorum, quin omne in communem uſum conferretur.

Interea plerique Reguli noſtrum Præfectum adierunt, & ſignificarunt, ſe potentis cujuſdam Regis, cui nomen *Saturioua*, ſubditos eſſe, in cujus ditione eſſemus, cujuſque domicilium nobis eſſet vicinum, qui in bellum ad aliquot hominum millia educere poſſet; ea de cauſa noſtri propugnaculi fabricam accelerandam duximus. Isque adeo Rex *Saturioua*, ut providus, ſingulis diebus exploratores mittebat obſervatum quid ageremus; atque ab illis intelligens terram, ad quorundam funiculorum in triangulum extenſorum normam, effodi, ipſemet ſpectatum venire voluit: binis tamen ante ſuum adventum horis legatum præmiſit, cùm centum & viginti viris robuſtis, arcus, ſagittas, clavas & jacula geſtantibus, & onuſtis more Indico, ſuis divitiis, ut varii generis pennis, torquibus ex ſelecto concharum genere, armillis è piſcium dentibus, cingulis è ſphærulis argenteis oblongæ & rotundæ formæ conſtantibus, atque multis unionibus ad crura alligatis; ſed & plerique è cruribus ſuſpenderant planos orbes cum aureos, tum argenteos & æreos, ut gradiendo ſonitum excitarent inſtar nolularum ad crura appenſarum. Legatus ſuo munere perfunctus, ſecundum colliculum quendam è palmarum, lauri, lentiſci & aliarum odoriferarum arborum ramis tabernacula extrui juſſit, ad Regem ſub tectum recipiendum. Cæterum ex eo colliculo poterat Rex videre quidquid intra noſtrum vallum fieret, & pauca tentoria, militumque impedimenta, quæ ſub tectum nondum inferri potuerant: quia propugnaculi ſtructuram abſolvere præſtabat, quàm extruendis tuguriis operam dare, quæ majore deinde cum ocio ædificari poterant.

Laudonnierus audita legatione ſuos ita diſponit, ut (ſi pugnandum foret) ſtrenuè rem geſturos confideret, tametſi ſclopetarii nihil haberent quo ſe tegere poſſent. Porrò quia in prima Navigatione, cùm Ribaldus in eundem locum appelleret, Laudonnierus eundem Regem viderat, & quędam vocabula illius idiomatis didicerat, quibusque ceremoniis excipi ſoleant, callebat; ut etiam è numero militum unus vir alacris & acris ingenii, qui Ribaldum in ea navigatione comitatus fuerat, tunc autem Centurio erat Laudonniori, cenſuit neminem ad Regis tabernacula accedere debere præter ipſum, Dn. d'Ottigny ipſius Legatum, & Centurionem la Caille.

Regem comitabantur ſeptingenti vel octingenti viri venuſti, validi & robuſti, agiles, & ad curſum maxime exercitati, ſua arma geſtantes, ut ad bellum profecturi ſolent; ante ipſum gradiebantur quinquaginta adoleſcentes, manu jaculum aut pilum tenentes: ipſi viciniores erant viginti tibicines, ſilveſtre quidpiam ſine harmonia vel concentu ſonantes, ſed duntaxat qua maximè poterant contentione tibias inflantes; quæ nihil aliud ſunt quàm harundines admodum craſſæ, bina foramina habentes, ſupernum qua inflant, & infernum qua flatus egreditur, ut in organorum tubulis ſive fiſtulis. Dextrum ipſius latus claudebat Necromanticus, ſiniſtrum primarius ejus Conſiliarius: ſine his enim duobus nullam rem aggreditur. Solus locum ingreſſus qui paratus fuerat, confedit Indico more, hoc eſt ſumma tellure, ſimiæ aut alterius animalis inſtar. Tú conjectis circumquaq; oculis, & obſervatis noſtris exiguis turmis ordine diſpoſitis, in ſuum tabernaculú accerſi juſſit. Laudonnierum & Ottignium ejus Legatum, atque ad illos longam orationem habuit, quam niſi ex parte intellexerunt, ſed tandem percontatus eſt, quinam eſſemus, cur potius ipſius dominium ingreſſi, quàm ullius alterius, & quodnam eſſet noſtrum inſtitutum. Et reſpondit Laudonnierus per Centurionem Caillium, quem ſupra diximus utcumque callere ejus regionis idioma, ſe à potentiſſimo quodam Rege miſſum, qui Franciæ Rex appellaretur, ut ipſum ad fœdus cum eo paciſcendum invitaret, quo ipſi & ipſius confœderatis amicus eſſet, ipſius verò hoſtibus hoſtis: quod illi admodum gratum fuit. Tum munera utrinque in amicitiæ & perpetui fœderis pignus data. His rebus ita peractis, Rex propius ad nos acceſſit, noſtraque arma admiratus eſt, præſertim pyxides tormentarias; ad noſtri propugnaculi foſſas uſque progreſſus, illud foris & intus emenſus eſt. è foſſa autem terram exportari & vallum inſtrui cóſpiciens, interrogavit in quem uſum iſta fierent. Reſponſum tulit, ædes extrui quæ nos omnes exciperent, atque in iis multa tuguria ædificanda; quod admiratus, inquit ſe cupere, ut brevi iſtæ ædes abſolverentur. Eam ob cauſam à noſtris rogatus, ut aliquot è ſuis nobis commodaret, qui noſtris inſtruendo auxilio eſſent. annuit, & ilico octoginra robuſtiſſimos & laboribus aſſuetos miſit; quorum opera magnoperè levati ſumus, noſtrumq; propugnaculum citius extructum, & tuguria abſoluta; ille verò à nobis diſceſſit.   Dum

Dum hæc geruntur, nemo ex noftris non admovebat manum operi, nobiles, milites, opifices, nautæ & alii, ut fe adverfus hoftem munirent, & contra aëris injurias tuerentur, finguli fibi pollicentes (facta ex his quæ donata & permutatione adquifita fuerant æftimatione) brevi fe locupletes futuros.

Laudonnierus extructa jam arce, ipfiusque ædibus, & magno illo ædificio, in quod convecta annona, & reliqua ad bellum neceffaria, abfolutis, fingulorum in cibo & potu dimenfum contrahere cœpit, fic ut poft tres hebdomadas, fingulis in diem unum vitrum ficera dimidia ex parte aqua diluta plenum daretur: quod ad cibos attinet, quorum in novo hoc orbe fpes facta, ne gry quidem, ac nifi incolæ fingulis diebus nobis fuos cibos communicaffent, non dubium eft quin noftrum aliqui fame periiffent; ij præfertim qui in venationibus pyxide tormentaria uti non norant.

Interea Laudonnierus fuo Fabrorum præfecto *Joanni des Hayes Diepenfi* mandat, ut bina navigiola conficiat, quorum carina, quantum memini, trigintaquinque vel quadraginta pedes longa effet, quibus altius flumina fubire, atque fecundum maris littus navigare poffet: hæc fatis brevi temporis fpatio propemodum confecta reddidit.

Cæterùm Nobiles viri, qui animi folum gratia in hunc novum orbem trajecerant ex Gallia, magna cum pompa inftructi, mirum in modum angebatur, confpicientes fe nihil eorum iftic invenire, quæ fibi polliciti erant, & animo conceperant; fic ut multorum cottidie exaudirentur querimoniæ. Altera ex parte Laudonnierus nimium facilis, plane poffidebatur à tribus aut quatuor gnatonibus, atque milites contemnebat, eos præfertim quos in precio habere debebat: quodque pejus eft, multum ipfi indignabantur plerique ex his, qui fecundum puriorem Evangelii doctrinam vivere fe velle profitebantur; quòd verbi divini Miniftro deftituerentur. Verùm ad Regem *Saturioua* revertamur.

Is legatos ad Laudonnierum mittit, non modo ad confirmandum fœdus inter ipfos initum, verum etiam ut pacta fœdera fervaret, videlicet ut fe amicorum ipfius amicum & hoftium hoftem re ipfa declararet: profectionem enim fe adverfus fuos hoftes inftituere. Laudonnierus fatis ambiguum Legatis refponfum dedit, hac occafione: compertum enim jam nobis erat ex longa navigatione per majorem fluminis *Maii* alveum, noftri vicini *Saturioua* hoftem ipfo longè effe potentiorem, imo illius amicitiam nobis effe neceffariam, quia ex noftra arce ad motes *Apalatcy* proficifci volentibus (hos autem montes invenire cupiebamus, quòd auri atque argenti à nobis redemti maximam partem inde advectam effe intelligebamus) itineris potior pars per ejus ditionem erat facienda : huc accedebat ex noftris aliquos apud eum effe, qui ad noftram arcem magnum auri & argenti pondus jam miferant, fœdus cum illo pangentes, cùm Laudonniero mandatum effet, ut ijfdem conditionibus, quibus fupra, cum magno Rege *Outina* fœdus iniret.

Rex *Saturioua* accepto adeo frigido refponfo, ad noftrum propugnaculum, cui nomen *Carolina* inditum, ipfemet advenit cum mille ducentis aut quingentis viris, atque admiratus locum adeo eſſe immutatum, ut foſſam amplius tranſilire non poſſet, ſed anguſtum admodum eſſe ad arcem aditum, eò ſe contulit, atque Centurionem invenit Caillium, qui illi Regii Legati nomine denuntiavit, colloquii gratia, arcem non licere ingredi niſi ſuis ablegatis, vel cum viginti duntaxat delectis. Is attonitus illo mandato, diſſimulat, atque cum viginti ex ſuis arcem ingreditur: ingreſſo omnia demonſtrantur. Tympanorum verò & tubarum ſtrepitu, atq; æneorum tormentorum, quæ ipſo præſente exploſa fuerunt, tonitru exterrito admodum, nunciatur omnes ſuos nimio metu diffugiſſe, quod illi credibile fuit: quandoquidem ipſe procul à nobis eſſe voluiſſet. Inde factum, ut noſtrum nomen per vicinas provincias eſſet valde celebre, & majora verò de nobis crederentur. Tandem Laudonnierum admonet fidei datæ, ſuum exercitum jam eſſe paratum ad profectionem, annonam in promptu eſſe, ſubditos Reges etiam adveniſſe: ſed cùm nihil obtinere poſſet, ſolus cum ſuis in iſtam expeditionem profectus eſt.

Dum hæc geruntur, Laudonnierus alteram navem, cui præerat Petrus Centurio, in Galliam remittit. Nunc Lectorem rogatum volo ut ſecum reputet, quàm multi aſpirarent ad reditum in patriam. Inter reliquos Nobilis adoleſcens Marillac nomine, adeo abitum expetebat, ut Laudonniero polliceretur (ſi ipſi litterarum faſciculum in Galliam deferendum traderet) indicaturum ſe quæ ad ejus vitam & nominis famam maximè pertinerent; ea tamen conditione ne aperiret, ante quam navem conſcenderet, Laudonnierus nimium credulus ipſi pollicetur.

Iam dies aderat quo Navis ſolvere debebat, nobilis quidam cui nomen Dn. de Gievre ex honeſta familia natus, comis, Deum metuens, & omnibus charus, quinq; aut ſex horis ante quam accuſatio traderetur Laudonniero, admonetur ut ſecedat, Marillacum enim aliquid ſiniſtri adverſus ipſum moliri: obſequitur, & in ſilvam ſe abdit, ut Laudonnieri iracundiam effugiat, cui Marillacus infames quoſdam ut aſſerebat libellos Gievræi manu ſcriptos tradiderat in hanc ſententiam. Laudonnierum centum illa Francorum millia ipſi à Rege data malè collocaſſe, quandoquidem nullam annonam in hunc orbem intuliſſet: nullum verbi Dei miniſtrum (ut ab Admirallio illi imperatum) adduxiſſe: nimio favore amplecti blaterones & loquaculos, eos verò qui virtute præditi eſſent, contemnere: & pleraque alia quæ nunc non ſuccurrunt.

Multis bonis viris moleſtum erat Gievræi exilium, omnes tamen muſſitabant: paulatim tamen nonnulli indignè ferebant tam malignè cibum præberi, & ſingulos nimio & difficili labore fatigari: præſertim Nobiles quidam qui ipſorum majorem rationem habendam cenſebant. Tandem dum alter alteri ſuam moleſtiam exponit, clandeſtina ineunt conſilia quinq; aut ſex initio, quibus deinde alii acceſſerunt ad triceſimum uſq; numerū ante quàm aliquid molirentur. Inter eos autem qui primi inierunt conſilia, unus erat Laudonniero adprimè familiaris: certiſſimum etiam eſt ſelectiſſimos quoſque milites & Nobiles conſiliorum participes, à quibus reliqui perſuaſi, iis exceptis quos ut minus vafros contempſerunt & ex ſuo cœtu excluſerunt.

Dum

Dum commodum videtur, Centurionem Caillium adeufit, cui nondum fuum confilium aperuerant, quod omnes illum noffent virum integrum, quique fummam integritatem à fingulis in muneris adminiftratione requireret, eum obteftantur, ut, quandoquidem fit primi pili Centurio, omnium caufam tuendam in fe recipiat, & eorum querimonias, quas fcripto comprehenderant, Laudonniero tradere non gravetur. Caillius pro fuo officio operam pollicetur: & cùm eum ad hanc rem conficiendam delegerint, illam Laudonniero ipforum nomine declaraturum, licet ille etiam indigne ferre velit, imò adjunctum etiam effet ipfius vitæ periculum: quia ipforum petitionem æquam cenfebat. Poftridie, qui fuit dies Domino facer, mane Laudonnieri ædes adit, eumque omnium nomine orat, ut in forum prodire velit: fe enim quædam habere ipfi communicanda. Omnibus in forum convocatis, Laudonnierus cum fuo Legato Ottignio advenit: facto autem filentio, Centurio Caillius hujufmodi orationem habuit:

Domine, quotquot huc convenimus, ante omnia proteftamur nos te agnofcere Legatum Regis noftri Domini in hac provincia fupremi, in quâ ipfius nomine limes eft pofitus, tibíque obfequentes futuros in hac tam honeftâ expeditione; etiam fi Majeftatis ejus gratia, vita nobis fit in tuo confpectu profundenda, ut jam periculum facere potuifti in eorum magna parte qui hic adfunt, inter quos plerique funt Nobiles viri, qui neglectis fuis commoditatibus voluntarie & fuis fumtibus te fequuti funt. Primum igitur ea qua decet reverentia admonent, fingulis, dum adhuc in Gallia effent, fidem datam fuiffe, hic annonam in integrum annum repertuvos, atque nova fubfidia recentefque copias, antequam ea abfumeretur, accepturos: verùm tantum abeft, ut alimenta in id tempus fuffecerint, ut vix ad menfem fuerint fatis. Deinde Indi fegnius adferre ea incipiunt, quia animadvertunt maximæ noftrorum parti merces deficere: neque enim tibi ignotum eft, barbaros hos homines nihil côferre, nifi contra aliquid accipiant: tandem cùm intelligent omnibus deeffe munera, & milites ab illis alimenta verberibus extorquere volent (ut jam nonnulli facere cœperunt magno cum prudentiorum dolore) tum vicina loca deferent, eaque ratione iis commodis deftituemur, quibus hactenus ufi fumus: quæ fi adveniant, non poffumus non extremam famem expectare. His igitur difficultatibus ut occurratur, te fummopere orant, tertiam navem è Gallia huc advectam, atque etiamnum in hoc flumine exiftentem, reparare & inftruere cures, cui eos viros quos idoneos judicabis imponas, atque ableges in novam Hifpaniam, huic provinciæ vicinam, ad annonam pecuniis aut alia ratione côparandam, non dubitantes quin hac ratione nobis fuccurri poffit: fi tamen commodiores rationes proferantur, eas libenter amplexuros. Hæc fuit Orationis fumma, quæ in eo conventu fuit habita.

Ad hæc paucis refpondit Laudonnierus. Ab ipfis fuarum actionum rationes non effe petendas: ad annonam quod attinet, ejus fe rationem habiturum, aliquot adhuc dolia fibi fupereffe mercibus plena, quæ in commune conferet, ut illarum commutatione alimenta ab Indis redimi queant: in Hi-

ſpaniam novat. i ut mittat,ſe nunquam id effecturum, ſed potius bina navigiola pridem inchoata daturum, ut maris littus legant ad ducenta aut trecéta miliaria, qua ratione eos annonam comparaturos plus quam opus eſſet. Sic di-
miſſa fuit concio.

Laudonnierus interea ablegabat quoſdam qui remotiora loca obſervarent, præſertim ea, quæ magno Regi *Outina* noſtri vicini hoſti proximiora e-
rant, à quo curantibus nonnullis noſtris Gallis, qui apud ipſum verſabantur,
multum auri & argenti in noſtram arcem mittebatur, uniones præterea & alia
exquiſita: ſed non cuilibet concedebatur hæc prouincia: quam ob cauſam in
invidia erant apud pleroſque, qui illos brevi diteſcere æſtimabant. Et licet Laudonnierus polliceretur omnia in commune diſtribuenda, multi tamen iniquo
ferebant animo. Nam quidam nomine *LaRoche-ferriere*, qui verboſus cum
eſſet, jactabat ſe omnium rerum ſcientiam habere, tali pollebat auctoritate a-
pud Laudonnierum, ut ejus conſilium pro oraculo haberet: negare ſane non
velim quin dotibus ingenii præditus eſſet, preſertim induſtrius erat in nova iſta
conquiſitione, & diu verſatus cum Rege *Outina*, negotiabaturque ea quæ in
arcem mittebantur, unde illi ſubinde remittebantur quinque aut ſex ſclopetarii, qui permutabantur pro occaſione, aut neceſſitate quam illorum haberent
ipſe aut *Outina*. Vt brevibus abſolvam, tantum voluit induſtria, ut amicitiam
contraheret cum hoſtibus *Outina*, montibus vicinis; eaque de cauſa Laudonniero ſcripſit, ut ſibi ſucceſſorem mitteret, ſe enim ſeria quædam habere ipſi
communicanda, ad Regis obſequium, omniumque honorem & utilitatem
pertinentia.

His auditis Laudonnierus Roche-ferrierio ſucceſſorem ſtatim mittit, &
ille ad arcem rediit, iſtic refert certo ſe reſciviſſe, omne aurum & argentū in arcem miſſum, ex certis quibuſdam montibus Apalatcy cognominatis provenire, Indos enim à quibus ipſe accepiſſet, non aliunde habuiſſe: nam quidquid
hactenus poſſederant, id omne in bello adverſus tres Reges *Potanou*, *Onatheaqua & Oultaca* adquiſiviſſe, qui potentem iſtum Regem *Outinam* impedie-
bant, quominus montes illos ſubjugare poſſet. Attulit præterea Roche-ferre-
rius illorum montium fodinæ fragmentum continens ſatis multum auri & æ-
ris. Petit igitur à Laudonniero facultatem diſcedendi, periculum enim facturū
tam longinquæ profectionis, ut ſperet ad tres iſtos reges pervenire poſſe, & illorum aulam obſervare, atque impetrata à Laudonniero licentia diſceſſit.

Profecto Roche-ferrierio, triginta illi, qui Demonſtrationis ſive ſupplicis
libelli ſupra memorati auctores fuerant, omnia turbant in arce, quam occupa-
re conſtituunt, ut rebus aliter provideant: atque ut commodiore ordine o-
mnia procedant, duces ſibi diligunt Dominum de Fourneaux inſignem hy-
pocritam, & impenſè avarum, Stephanum Genuenſem Italum, & tertium
nomine La Croix, militum autem Centurionem, Vaſconem quendam appellatum Seignore. Porrò illi in ſuam ſententiam pertraxerant omnes qui munere fungebantur in exercitu, tribus exceptis, Ottignio Legato, Domino d' Ar-
lac nobile Helvetio, noſtro ſignifero, & Centurione Caillio. Reliqui milites

adeo

adeo ab illis corrupti ut fex & sexaginta iique selectissimi & veterani subscribe-
rent. Me etiam corrumpere tentarunt per meos quosdam intimos familiares,
exhibito eorum catalogo qui nomina dederant, dira etiam minitantes his qui
tantundem non facerent. Verùm illos rogavi ne mihi molesti essent: profite-
ri enim me, illis adversùm fore in hoc negotio. Laudonnierus quidem intellexerat aliquam conspirationem fieri, sed auctores ignorabat: Ottignio etiam
quædam fuerant indicata, sed subobscurè. Vespere præcedente noctem qua
conjurati sua consilia exequi statuerant, admoneor à nobili Nortmanno, cui
cognomen de Pompierre, sequente nocte Conjuratos Cailliú Centurionem,
cum quo commune habebam hospitium, jugulare decrevisse, itaque si vita
mihi cara esset, alio me conferrem: cùm verò propter temporis angustiam mihi non esset integrum alio proficisci, domum redeo, & Caillio significo quæ
intellexeram. Ille illico per posticum se proripit & in silvam se it abditum: ego,
Dei protectioni me commendans, rei eventum expectandum censeo.

Sub mediam noctem Fourneauxius Conjuratorum dux, thorace ferreo
indutus & pyxidem tormentariam manu tenens, cum viginti pyxidariis ad
Laudonnieri ædes proficiscitur, quas aperiri jubet, rectà ad ipsius lectum profectus, pyxidem illius gutturi admovet, & foedissimis conviciis illum proscin-
dens, claves armamentarii & annonæ petit, omnia illi arma adimit, & catena
pedibus injecta captivum in navim quæ illi flumine ante arcem erat abduci jubet, additis duobus militibus qui ipsum observarent. Eadem hora alter Croixius armatus decem & quinq; pyxidariis ipsum comitantibus ad Ottignii Legati ædes proficiscitur, quē nulla aliâ re offenderunt, nisi quod arma ipsi ade-
merint, & constituta capitis poena vetuerint ante lucem domo egredi, quod
pollicitus est. Tantundem factum est à Stephano Genuensi in ædibus Arlacii
nostri Antesignani, qui idem juramentum præstare coactus est. Eodē tempore
Centurio Seignoire stipatus reliqua militum qui nomina dederant multitudine, ad Caillium proficiscitur ea mente ut eum neci traderet, quia apertè ipsorum conatibus se opposuerat, dum ei consilia sua aperirent: sed ubiq; quæsitus,
neque ipse, neque ejus germani fratres sunt reperti: omnia autem eorum arma
auferuntur cum meis, mandato etiam facto ut captivus in stationem militum
ducereur: sed proborum quorundam virorum nobilium opera, qui hujus conjurationis minimè conscii, ab aliis subornati fuerant, mihi restituta sunt arma,
ea tamen conditione ne ante lucem ædibus excederem, quod sum pollicitus.
Deinde reliquorum militum, qui nomina non dederant, domos adiens omnibus arma adimit, atque ea ratione rerum potiuntur.

Conjecto in vincula, ut diximus Laudonniero, Ottignio Legato &
signifero Arlacio inermibus & domi conclusis, Centurione Caillio per silvas
vago & cum feris versante, & reliquis probis spoliatis armis, conjurati omnium rerum ordinem pervertunt, Laudonnieri etiam nomina & auctoritate ab-
utentes: atque quo facilius ad suæ deliberationis scopū pervenirēt, Fourneaxi-
us Conjuratorum dux diploma sive licentiam in membranis describi curave-
rat Laudonnieri nomine, qua ipse ut Regis Galliæ Legatus, potestatem con-

cedit maximæ ſuorum parti (quandoquidem annonæ penuriæ cum ſuis labo-
raret) in novam Hiſpaniam proficiſcendi, alimentorum conquirendorũ cauſa, omnes præfectos, centuriones, & reliquos munere aliquo publico fungen-
tes ſub auſpiciis Regis Hiſpaniæ orans, ut eis in hâc re auxilio eſſe velint. Hoc
diploma ab ipſis conſcriptum Laudonnierus ſubſignare cogitur: bina illa deinde navigiola majora quorum ante memini, ex armamentario regio onmib.
neceſſariis rebus & annona inſtruunt, deligunt naucleros & nautas ad profectionem in Novam Hiſpaniam ſuſcipiendam. Vni navi præficiunt ſenē Nauclerum Michaëlem Vaſorium Diepenſem, alteri alium Nauolerũ Trenchant
appellatum: atque ſic inſtructi à Carolina ſolverunt v i r i i. Decembris, timi-
dos & tirones nos nuncupantes, & minitantes, niſicùm omnes opulenti ex
Hiſpania nova rediret, illos in arce recipere vellemus, pedibus nos protrituros.

    Cæterùm dum hi latrociniis opes quærunt, de Roche-ferrierio agemus,
qui ad montes profectus ſua prudentia & diligentia effecit, ut familiarem ſe
redderet tribus ſupra nominatis Regibus, Regis *Outina* (cum quo diu verſatus
erat) infenſiſſimis hoſtibus. Ille attonitus conſpectu ordinis & opulentiæ ipſorum, miſit in arcem Laudonniero multa munera ab iſtis Regibus illi donata:
inter quæ fuerunt plani orbes aurei & argentei amplitudine mediocris lancis,
quibus pectus & dorſum tegere ſolent in bellum profecturi, multum auri infe-
ctu cui admixtum æs, & argenti non bene excocti: miſit præterea pharetras ſe-
lectiſſimis pellibus tectas, & omnes earum ſagittas cuſpide aurea armatas, plurima aulæa ex pennis confecta, & ſcirpis diverſo colore infectis ſumma arte cõ-
texta: lapides item virides & cæruleos, quos nonnulli ſmaragdos & ſaphiros
eſſe cenſebant, cunei modo efformatos, ſecuris vicem ad ligna cædenda illis
præbetes. Laudonnierus contra miſit quæ potuit, veluti craſſiores pannos cri-
ſpatos, ſecures & ſerras aliquot, aliaſq; viles Lutetianas merces, quibus abunde
ſibi ſatisfactum putarunt.

    His commerciis magnam ſibi invidiam conciliavit Roche-ferrierius apud
Regem *Outina*, præſertim verò apud omnes ejus ſubditos, qui tale in ipſum o-
dium conceperunt, ut ne nominis quidem ipſius appellationem audire ſuſti-
nerent, ſed illum *Timogua*, hoc eſt, hoſtem vocarent. Verùm Roche-ferrierius,
aliorum Regum amicitiam retinens, alia via in noſtram arcem redire poterat,
quia multi rivi in majorem fluminis Maii alveum ſe exonerant quindecim vel
ſedecim infra *Outina* Regis habitationem miliaribus. Non abs re porro me facturum arbitror ſi militis cujuſdam meminero qui Roche-ferrierii exemplo
motus, etiam à Laudonniero facultatem poſtulavit commercia agendi alio
loco: impetrat quidem, ſed etiam admonetur, ut quid moliretur probè antea
conſideret: nam fieri poſſe ut cum vitæ ipſius diſpendio ſuſceptum negotium
proſequatur, quod eventu comprobatum eſt. Impetrata igitur poteſtate, adoleſcens hic miles robuſtus & agilis, ab ineunte ætate in Admirallii Caſtilionei
aula educatus, cui nomen Petro Gambie, ſolus ſine miniſtro ab arce noſtra diſ-
cedit onuſtus vilibus quibuſdam mercibus, & ſua pyxide tormentaria, per provinciam negotiari cœpit. Is adeò fortunatus fuit in ſua negotiatione, ut etiam
in Inco-

in incolas imperiū quodammodo exerceret, quos subinde cogebat ad nos sua mandata perferre: tandem ad Regulum quendam *Adelano*, cujus domicilium in parva fluviali insula, profectus, tantam cum illo familiaritatem contraxit, ut ipsi fieret carissimus, atque adeò filiā illi donaret. Tanto honore affectus, accumulandis opibus studebat tamen: imo Rege absente cùm ille omnia gubernaret, ipsius Regis subditos adeo tyrannicè habebat, ut eos quærere cogeret, quæ invenire nó poterant, & tandem omnibus invisus redderetur: quia verò Regi erat charus, nemo mutire audebat. Accidit ut ille à Rege licentiam postularet ad nostram arcem proficiscendi, jam enim duodecim lunis amicos sibi non esse conspectos. Facultatem impetrat ea conditione, ut intra paucos dies redeat: collectis quas adquisierat opibus, & in canoam sive lintrem qui illi traditus fuerat, impositis, & binis Indis additis qui eum veherent, Regi valedicit. In itinere, alter comitum memoria repetens se aliquando fustibus fuisse ab hoc milite castigatum, & invitante illum præda, talem occasionem cùm vindictæ tùm prædæ minimè negligendam esse judicat: quapropter dum miles securus se inclinat, arrepta quæ propter militem jacebat securi, caput illi confringit, & sublatis ejus opibus, comite alio Indo fugit, ut in postrema figura postea videre licebit.

Nunc redeundum ad Laudonnjeri liberationem & narrationem eorum quæ acciderunt post nostrorum abitum, qui etiam abstulerant quædam doliola generosi vini Hispanici, quod asserente Laudonniero & ejus famula, in ægrorum usum adservabatur. Centurio Caillius per syluas errans, per juniorem fratrem quo administro mittebantur illi quæ poterant, intelligens eorum abitum qui mortem ipsi machinati erant, in arcem subito rediit, & reliquis animū addens, adhortatus est ad arma denuo sumenda, (nam qui abierant illorū non fuerant indigi) & Laudonnierus è naui accersitus, Ottignius Legatus & Arlacius Signifer, ex suis ædibus cum omni securitate dimissi. Delectus fit, & novo sacramento omnes adstringuntur, cum ad Regis obsequium, tum ad hostibus, in quorum numero habiti sunt qui adeo scelestè nos contempserant, resistendum. Instituti quatuor præfecti qui totum cœtum in quatuor manipulos distribuerent, & ita singuli ad suum munus redierunt.

Dum hæc geruntur venit in nostram arcem adolescens nobilis Pictaviensis, dictus Dn. *Groutaut* à Roche-ferrierio missus, cui semper comes fuerat etiam in profectione ad tres Reges vicinos montibus *Apalatcy*. Is Laudonniero retulit tertium ex his Regibus magno amore prosequi Christianos, eum esse potentem & opulentum, habereque semper parata ad bellum quatuor hominum millia, petiisse à Roche-ferrierio, ut se ad Laudonnierum mitteret significatum, perpetuum fœdus (si volet) inter utrumque futurum, cumque intelligat eos aurum expetere, quibusvis conditionibus astricturum suam fidem, ut si centum pyxidarios ab eo accipiat, se certo scire eos redditurum victores & dominos montium *Apalatcy*. Hos illi curaturum pollicitus erat Roche-ferrierius, ignarus turbarum quæ in arce fuerant excitatæ: nec dubitandū est quin (nisi tam turpiter deserti fuissemus à potiore nostrorum parte) periculum ejus rei feciffemus, cognito tandem hujus Regis erga nos affectu. Sed Laudonnierus apùd fe reputans, fi centum ex noftris ablegaret, neminem reliquum fore qui arcem tueri poffet; eam expeditionem diftulit, donec nova è Gallia advenirent auxilia: licet non admodum fideret Indis, præfertim ab eo tempore quo ab Hifpanis fuit admonitus: de quibus nó abs re videor mentionem hic facturus, ut ex Floridæ Hiftoria à Laudonniero confcripta & evulgata, colligere licuit.

     Dum, inquit, Indi me invifunt, & femper aliqua munera adferunt, veluti pifces, cervos, galli-pavos, leopardos, urforum catellos, atque alia pro regionis quam incolebant natura: illos contra remunerabar fecuriculis, cultris, vitreis globulis precariis, pectinibus & fpeculis. Bini Indi quodà die falutatum me adveniũt fui Regis *Marracou* appellati nomine, qui habitabat circiter quadraginta miliaria à noftra arce, Meridiem verfus, mihique fignificarunt, in Regis *Onachaquara* familia quendam verfari cui nomen *Barbatus*; & apud Regem *Mathiaca* alium effe, cujus nomen ignorabant, utrumque exterum: in mentem mihi fubiit, forfitan Chriftianos effe, ea de caufa omnes vicinos Reges rogatum mifi, ut fi quem Chriftianum in fuis dominiis haberent, ad me perducerent, me duplum repenfurum. Illi cùm muneribus capiantur, tam diligentem nauarunt operam, vt bini illi, quorum facta mentio, ad me in arcem venirent. Nudi erant, capitifque comam ad poplites ufque propendentem habebãt, Indorum more; Hifpani quidẽ natione, ad mores tamẽ indigenarũ ejus regionis ita affueti, ut initio noftra confuetudo illis peregrina videretur. Habito cum illis colloquio, veftes illis dedi, & comam adimere juffi, quam negligere noluerunt, fed findone involverunt, dicentes fe in patriam referre velle, tamquam teftimonium earum ærumnarum quas in India perpeffi effent. In unius capillis inventum eft auri pauxillum reconditum, quod circiter viginti quinq; coronatos pendebat, quo me donavit. Scifcitanti de locis quæ peragraffent, & qua ratione in eam provinciam pervenissent, refponderunt, quindecim jam annos elapfos, quod tres naves, in quarum una ipfi vehebantur; circa *Calos* periiffent, ad fcopulos vulgo *Martyres* dictos allifæ, Regemque *Calos*, maximã divitiarum qua hæ naves onuftæ erant partem, ad fe recepiffe, tali etiam adhibita cura, ut maxima virorum pars falva fuerit, atque plurimæ mulieres; è quarum numero tres aut quatuor erant nobiles, connubio junctæ, quæ cùm fuis liberis etiamnum apud eundem Regem *Calos* vivebant. Interrogati quis effet hic Rex, refpóderunt formofiffimum & maximum effe totius regionis Indum, ftrenuum admodum, & potentem. Significarunt præterea, magnam auri & argenti vim poffidere, eámque pago quodam in fcrobe reconditam habere, humana altitudine non minore, nec minus lata quam dolium: ad quam fi cũ centum pyxidariis proficifci poffem, fe curaturos ut omnes hę divitiæ in meam poteftatem venirent, præter eas quas ab indigenis qui opulenti erant, adquirere poffem. Significarunt præterea, mulieres cum ad faltationes conveniunt, è cingulis propendentes habere planas auri maffas, orbibus non minores; eafq; tanta quantitate, ut pondere fatigatæ incommodé faltare poffent: viros itidem

dem

deín fimilibus eſſe onuſtos. Maximam earum divitiarum partem (ex ipſorum opinione) ex Hiſpanicis navibus, quæ ad illud fretum plerumque allidebátur, provenire: reliquam autem ex commercio, quod huic Regi cum aliis vicinis Regibus erat. Ipſum verò apud ſubditos magna in veneratione eſſe, ab eo perſuaſos, ipſius magicis incantationibus fieri, ut tellus affatim neceſſaria produceret: quóque facilius id illis perſuaderet, cùm duobus aut tribus ex fidiſſimis in ædes quaſdam ſecedebat, in quibus ſuas incantationes exercebat, Regiſque mandato ſtatim occidi, quiſquis curioſius, quid agerent, obſervare vellet. Imo addebant, ſingulis annis tempore meſſis barbarum hunc Regem hominem ſacrificare, qui ejus rei cauſa expreſſè adſervabatur, & deligebatur ex Hiſpanorum, qui in hoc fretu naufragium patiebantur, numero. Alter illorum etiam retulit, ſe diu apud illum tabellarii munere functum: & ſæpius ab eo ablegatum ad Regem quendam, nomine *Oathkaqua*, quatuor aut quinque dierum itinere à *Calos* diſtantem, qui illi ſemper fidus amicus fuerat. Medio autem itinere inſulam eſſe magno in lacu dulcis aquæ *Sarropé* nuncupato, & quinque miliaria patente ſitam, multis fructuum generibus uberem, dactylis præſertim in palmis naſcentibus, quorum magnum eſt commercium, ſed majus adhuc radicis cujuſdam, ex qua fit farina, ad panem pinſendum adeo idonea, ut præſtantiſſimus panis ex ea conficiatur: quindecimque in circuitu miliaribus totam regionem ab ea educari. Hinc fieri, ut ejus Inſulæ inquilini, à vicinis magnas adquirant opes: nam ab ipſis niſi magno precio non redimitur ea radix. Præterea totius illius regionis maximè ſtrenui exiſtimantur, ut re ipſa declararunt, cùm Rex *Calos* affinitate cum *Oathkaqua* contracta, ejus filia, quæ illi deſponſata erat, ſpoliatus fuit. Rem verò ſic geſtam narrabat.

Oathkaqua magno ſuorum numero ſtipatus unam è ſuis filiabus eximia forma, pro coloris ratione in ea provincia præditam, ad Regem *Caios* deducebat, ut ipſi conjugem daret: hujus Inſulæ incolæ cùm id intellexiſſent, ſtructis inſidiis qua *Oathkaqua* tranſeundum erat, pugna commiſſa ipſum fundunt fugátque; ſponſa cum toto gynæceo capta, in Inſulam abducitur. Quod apud Indos pro inſigni victoria cenſetur; matrimonio enim ſibi conjungere eas virgines, & perditè amare ſolent. Qui mihi hæc referebat Hiſpanus, addebat, debellato *Oathkaqua*, ad ipſum commigraſſe, atque circiter octennium hæſiſſe, donec ad me veniret.

Calos ad flumen quoddam ſitum eſt quadraginta aut quinquaginta miliaribus ultra Floridæ promontorium qua ad Meridiem vergit, *Oathkaqua* verò domicilium cis Promontorium eſt, Septentrionem verſus, eo loco qui in Chorographia *Cannaveral* nomine inſignitur, octo & viginti gradibus ab æquatore.

Circiter vigeſimum quintum Ianuarii, meus vicinus *Paracouſi Saturioua* per binos è ſuis aliquot munera miſit, ad mihi perſuadendum, ut conjunctis viribus bellum adverſus *Outinam* mihi amicum gereremus: orans præterea, meos qui apud *Outina* verſabantur, revocarem, quorum cauſa ſibi ab *Outina* invadendo & ſuperando temperaverat; plurimi etiam reges ipſi confœderati, per

tres hebdomadas aut totū menfem ejus rei caufa nuncios ad me miferunt. Sed eorum votis acquiefcere nolui; imo omnem operam adhibui, ut eos amicè conjungerem:quod annuerunt,ita ut exiftimarē jam pro rato habituros quid-quid ftatuerem. Tum uterque Hifpanus qui jam diuturno ufu perfpectum ha-bebant Indorum ingenium, me admonere, ne ullo modo eis fiderem : cùm enim maximè blandiuntur, tum proditoriè aliquid moliuntur; natura ipfos effe fummos proditores & diffimulatores. Sed ego etiam minime illis fidem habebam: experientia enim & ex Hiftoriarum recentiorum lectione mille eo-rum artes & fraudes cognoveram.

Duabus cymbis jam paratis, Navarcho *Vaffeur* mandatum dedi ut littus marinum ad Septentrionem vergens obfervaret, & ad flumen ufq; navigaret, cujus Rex *Adufta* erat,ejus loci dominus,è quo Galli anno millefimo quingē-tefimo fexagefimo fecundo annonā convexerant. Binas differentes veftes illi mittebam, aliquot fecures, cultros, & alias viles merces, ut facilius me in ipfius amicitiam infinuarem. Atque ut ipfum facilius demereri poffem, *Vafforio* ad-junxi militem Aimon dictum,qui in prima navigatione fuerat,fperans à Re-ge *Adufta* cognitum iri. Sed ante quàm cymbam confcenderent, diligenter perquirere juffi, quid altero milite *Rouffi* vocato, qui folus in illa regione re-manferat, cùm *Nicolaus Mallon* tribunus,& reliqui in priore illa navigatione, naves confcenderunt, ut in Galliam redirent, actum effet. Eo pervenientes intellexerunt, militem quadam cymba, iftac iter faciente, exceptum, & aliò traductum ; poftea autem didici Hifpanos illud littus legentes eum excepiffe & *Hauanam* duxiffe. Rex *Adufta* cymbam mayzo & fabis plenam mihi remi-fit; addidit præterea binos cervos,& binas pelles fecundum ipforum confuetu-dinem pictas, & aliquot uniones vilis precii, quoniam adultæ erant; mihi et-iam fignificari iuffit, latas poffeffiones daturum fi fedes apud ipfumfigere vel-lem, & collato mayzo quantum vellem communicaturum. Interea tan-to numero palumbes advolarunt feptem hebdomadum fpatio, ut fingulis diebus plus quam ducentas tormentaria pyxide in fylvis noftrum propu-gnaculum ambientibus occideremus. Reverfo Tribuno *Vafforio*, denuo binas cymbas milite & nautis armari juffi, & munus meo nomine mifi viduæ defuncti Regis *Hiouacara*, quæ à noftra arce circiter duodecim mi-liaria habitabat ad Septentrionem:illa humaniter exceptis meis utramq; cym-bam mayzo & glande onuftam remifit:addidit etiam aliquot corbes *Caffinæ* foliis plenos, è quibus potionem conficere folent : hujus viduę habitatio may-zi omnium elegantiffimi feraciffima effe perhibetur, præ reliquis maritimis regionibus. Fertur etiā hęc Regina omnium Indicarum formofiffima, & fum-ma effe in exiftimatione : imo eam fubditi adeo reverenter habent,vt ferè per-petuo humeris ferant, nec pedes ire finant. Aliquot diebus poft remiffas meas cymbas, fuum *Hiatiqui*, hoc eft, interpretem ad me mifit.

Tantum porro annonæ me habere exiftimans,quæ fufficeret donec na-ves è Gallia advenirent, binas meas cymbas (ne mei otiofi effent) mifi obfer-uatum adverfo flumine, quæ eo ufque progreffæ funt, ut triginta miliaribus supra *Mathiaca* pervenirent, & istic lacum observarent, cujus adversa ripa (referentibus Indis) conspici non posset ; licet enim celsissimas totius illius regionis arbores conscendissent, nunquam tamen terram ex adverso conspicere potuissent. Ea de causa mei ulterius non sunt progressi, sed regredientes per *Chilili,* insulam *Edelano* medio in flumine sitam observarunt, omnium sane amœnissimam. Nam cùm circiter tria duntaxat miliaria in longitudinem & latitudinem pateat, feracissima tamen est hominum & fructuum. Pagum *Edelano* egressis, & ad fluminis portum tendentibus, transeundum fuit per deambulacrum trecentis passibus longum, quindecim latum, utrinque vastis arboribus consitum, quarum rami sese tam eleganter in fornices implicant, ut pergula quædam videatur arte facta, non natura, cui similem forte Christianus orbis non habeat. Egressi inde nostri, ad *Enecaque* navigarunt, postea ad *Patchica,* denique ad *Choya;* istic relictis in ejus fluminis exiguo ramo cymbis, & aliquot ad earum custodiam viris, *Outina* inviserunt, qui humanissimè illos excipiés, ipsos inde discedentes adeo importunis precibus ursit, ut sex è meis apud ipsum hærerent, è quorum numero nobilis quidam nomine *Grotaut* fuit. Is postquam bimestre apud eum hæsisset, & diligéter regionem observasset cum alio, quem diu ante istic ejus rei causa reliqueram, ad me in arcem rediit, significatum, se amœniorem regionem numquam conspexisse. Inter reliqua referebat se locum quendam *Oultaca* appellatum conspexisse, cujus Rex adeo potens erat, ut tria aut quatuor Indorum milia in aciem producere posset, cui si me adjungere vellem, facile reliquos in nostram potestatem redacturos: deinde huic Regi itinera, quæ ad montes *Apalatcy* ducunt, cognita erant, ad quos pervenire Galli adeo desiderabant, & in quibus *Oultaca* hostis suam habitationem habebat, quem facile debellare possent, modo conjunctis viribus in ipsum impetum facerent. Misit ille Rex ad me laminam ex ære è montibus illis eruto, è quorum radicibus torrens emanat auri, sive, ut Indi putant, æris dives: nam in eo torrente harundinaceo calamo concavo, arenam hauriunt, donec plenus sit, deinde eo quassato & succusso, cùm arena mixta inveniunt æris & argenti grana: unde conjecturam faciunt aliquam ejus metalli venam esse in illis montibus. Cùm verò quinque aut sex duntaxat dierum itinere à nostra arce abessent, ad *Thraciam* constitueram, simulatque subsidia è Gallia advenissent, habitationem nostram traducere ad flumen aliquod, ad Septentrionem magis obversum, ut eò viciniores montibus essemus.

Redeundum nunc ad nostros nobiles & milites, qui conquirendorum alimentorum gratia, in novam Hispaniam profecti erant. Illi ad insulam Cubam appellentes, aliquot naves capiunt, quasdam etiam sine magna difficultate, omnis generis annona plenas, ut Cassavi, oleo olivarum, vino Hispanico. has naves in suum usum applicant, relictis suis navigiolis. Ea præda non contenti, in aliquot insulæ loca excendunt, & deprædantur, sic ut ex ea præda bis mille coronati in singula capita redire crederentur. Deinde actuariam navem opibus plenam, in qua ejus insulæ portus cujusdam appellati *la Havana* præfectus, non sine pugna capiunt. Præfectus pro sua & duorum liberorum redem-

ptione magnam pecuniæ summam offert: de precio conveniunt, sed ut huic
etiam accedant quatuor aut sex simiolæ Saguins dictæ, elegantissimæ, & totidem psittaci qui in insula reperirentur selectissimi, manente captivo interea
in nave Præfecto, donec redemptionis precium persolutum esset. Annuit præfectus, & quo maturius ista confici possint, rogat, ut ipsi liceat alterum ex liberis ad uxorem cum epistola mittere continente redemptionis conditio-
nes. Scriptam epistolam legunt, probant nostri Galli, nihil in ea quod culpari
possit reperientes, mittitur ea Havanam cum lembo actuariæ navis: ipsi tamen licet astuti & circumspecti sibi viderentur, verba non intellexerunt quæ
Præfectus filio in aurem dixit; ne videlicet uxor quidquam eorum ageret quæ
in epistola erant scripta, sed per dispositos equos juberet per omnes ejus insulæ
portus significari, ut auxilia ipsi mitterentur. Vxor mariti mandata tanta diligentia exequuta est, ut diluculo feroces nostri Galli à duabus magnis navibus magna tormentorum æneorum quantitate ex utroque latere disposita
instructissimis, & ingente rostrata nave cingerentur. Illi se conclusos conspicientes ob ostii portus angustiam, admodum attoniti fuere, pars tamen militum
sex & viginti scilicet in parvam navem speculatoriam, quæ in portu erat, se
conjiciunt, quo facilius & minore cum damno tormetorum perrumpere possent, ac reciso anchoræ fune, pugnando per medios hostes evadunt: sed reliqui
milites, (qui in actuaria navi erant, cum Præfecto Hispano) capti & in cótinen-
tem abducti (exceptis quinq; aut sex qui in cógressu cæsi) fuerunt, & in vincula
conjecti, partim venditi & in alia loca deportati, etiam in Hispaniam & Lusi-
taniam usque.

Inter eos qui evaserant, tres fuere conjurationis principes, Fourneauxius,
Stephanus Genuensis, & Groixius: Nauclerus Trinchant qui vi ab ipsis abdu-
ductus fuerat etiá inter illos erat cum quinq; aut sex nautis, qui animadvertentes navem speculatoriam carere alimentis, neque ullam affulgere spem ea
conquirendi, inter se statuunt redeundum esse in Floridam interea dum alii
dormirent, quod sane fecerunt. Milites excitati admodum indignati sunt, nam
Laudonnierum metuebant: tandem statuunt adeundum esse fluminis Maii o-
stium ad alimenta quærenda: sibi enim multos Indos esse cognitos à quibus
annonam accipere possent, deinde altum rursus petendum ac fortunam pe-
riclitandam clam his qui in arce erant. Ad fluminis igitur ostium pervenientes,
anchoras jaciunt, & alimenta quærere incipiunt: quod Indus quidam illico significatum venit Laudonniero. Hac re cognita, Laudonnierus voluit ad eos
mandata perferri, ut navim ante arcem adducerent, & ipsi eum convenirent:
sed Caillius centurio eum obsecrat ut rem altius perpendat, fieri enim posse
ut ejus mandatis non obsequantur, sed potius fugiant: sicq; frustratum iri occasione exemplar in eos statuendi. Ad hæc Laudonnierus, quid igitur agendú
statuis? cui Caillius, concede mihi obsecro viginti quinq; milites pyxidarios,
quos nostro navigiolo impositos tegam ejusdem velo, & sub auroram navem
speculatoriam propius accedam: nam è longinquo nos binos solummodo aut
ternos conspicientes cum binis nautis navigioli rectoribus, nó magnopere cu-
rabunt etiam si propius eos accedamus, navi autem ipsorum proximi, mei
milites

milites exurgent & illorum navem ingredientur. Hoc probato confilio, navigiolum confcendunt milites, quod poftridie ante folis ortum vigiles, qui in
navi erant, confpicati, totam catervam excitant; hi videntes noftrum navigiolum, ex longinquo Caillium cum binis aliis militibus agnoverunt, & eos
propius accedere permiferunt nullis armis fumptis, fed poftquam noftrum
navigiolum latus illorum navi conjunxit, fubito noftri milites exilientes ipforum navim confcendunt: illi autem attoniti, ignem excitari jubent, & ad arma concurrunt, fed fero nimium : nam ftatim adempta fuerunt, & illis fignifi-
catum ut ad Regis Legatum venirent, quo adeo funt confternati, vt ipforum
vitam in fummo difcrimine effe agnofcerent. His in arcem perductis, juridicè
cum tribus conjurationis principibus actum eft, & de condemnatis fupplicium fumptum, reliquæ multitudini, primùm tamen exauctoratæ, venia data:
nulla deinde feditio fubfequuta.

His rebus compofitis ingens fama fequuta eft, quia viciniores & re-
motiores Indi à nobis fecefferunt multas ob caufas: primùm quod pro alimentis nihil illis conferebatur, deinde quod plerumque verba à noftris acciperent,
ad alimenta conquirendum: imo adeo vecordes fuerunt ne dicam perverfi aliqui ut incenderent illorum ædes, exiftimantes ea ratione ab ipfis facilius alimenta fe impetraturos. Sed malum indies fic crefcebat, ut tria aut quatuor
miliaria effent conficienda, prius quàm aliquis Indus reperiri poffet. Huc accedebat bellum adverfus potentem Regem *Outina* geftum, quod cum fit à
Laudonniero defcriptum in eo quem de fua peregrinatione confecit libro, illius mentionem non faciá: vt fummatim dicam, res effet miferatione digna, fi
quis figillatim defcribere vellet, in quam egeftatem redacti fuimus, meum e-
nim inftitutum duntaxat eft, ut quam breuiffimè fcribam quæ acciderunt.

Quibufdam ergo fame extinctis, & reliquis adeo macie confectis, ut cu-
tis offibus hæreret, Laudonniero etiam defperante de auxilio è Gallia accipien-
do, jam enim decem & octo menfibus iftic hæferamus: communi omnium
confilio deliberatum eft rationes meditari quibus in Galliam redire poffemus:
tandem decretum, ut tertia navis è Gallia adducta, quàm commode fieri poffet reficeretur, & ejus fumma tabulis augerentur, atque fabris in eo opere occupatis, milites fecundum maris littus alimenta quærerent.

Cæterùm dum ad opus accingimur, appulit ex longinqua quadam navigatione, Præfectus quidam Anglus nomine Hawquiens, qui lembo in noftra
arcem venit; is nos in tam mifero ftatu confpiciens, nobis obtulit fuam operam
quacumque in re nobis commodo effe poffet, eamque etiam præftitit. Nam
Laudonniero vendidit unam ex fuis nauibus æquo admodum precio, & dolia
aliquot farinæ, è qua panes bifcocti confecti in noftrum ufum, & donatis
etiam nonnullis doliis fabarum & piforum, aliquot tormenta ænea arrhabo-
nis loco accepit, ac difceffit.

Læti admodum nactos nos effe navem præter eam quam fabri refe-
cerant, atque annonam in noftrum reditum fufficientem, deliberatum eft
eft arcem ante noftrú difceffum duabus de caufis effe diruendam; primùm ne

Hiſpanis, quos intellexreamus eo venire velle, poſt noſtrū diſceſſum uſui eſſeʒ
adverſus Gallos, ſi denuo eò redirent; deinde ne _Saturioua_ eam vacuam occuparet: à nobis igitur fuit diruta.

Verum nobis ad iter accinctis, & ventum ſecundum per tres ſeptimanas
expectantibus ad ſolvendum ex ea provincia, præter ſpem advenit ſeptem navium claſſis Præfecto Ioanne de Rebaud viro celebri, & multis virtutibus prædito, qui Laudonniero mittebatur ſucceſſor, ad ea peragenda quæ Rex jam in-
ceperat : qua de cauſa omnibus inſignem lætitiam attulerunt non ſperata ea
auxilia. Iactis anchoris Ribaldus excendit, cū aliquot Centurionibus, multisʒ
nobilibus viris & aliis, qui gratias agebant Deo, quod nos vivos reperiſſent, ut
neceſſaria ſubminiſtraret, ſignificatū enim illis fuiſſe nos omnes extinctos : itaque pro longa afflictione quam perpeſſi eramus, Deus nobis gaudium immi-
ſit. Nam ſinguli liberales erant in communicandis alimentis & aliis bonis quæ
abundè attulerant, & omnes quacumque in re poſſent gratificari ſtudebant
ſuis amicis, aut conſanguineis, aut popularibus, ſic ut omnia perſtreperent lætitia; ſed brevi admodum, ut poſtea intelligemus. Ribaldus in continentem
exponere cupiens merces, annonam & alia ad bellum neceſſaria, oſtii fluminis
altitudinem valide tentari iuſſit : ſed minus aquæ reperiens, quàm ut majores
naves ſubire poſſent, tres minores duntaxat flumen ingredi iuſſit, quarum majori, Vnio nuncupatæ præerat filius ipſius Iacobus Ribaldus, cui additus erat
Legatus Tribunus Vallard Diepenſis: alterius Præfectus erat Tribunus Mail-
lard etiam Diepenſis: tertiæ imperabat nobilis quidam Machon-ville: quatuor
majores in anchoris ſteterunt uno à continente miliari : quia in ea plaga mare
admodum erat planum, & exonerabantur lintribus & ſcaphis.

Septem porrò aut octo diebus à Ribaldi advétu, omnibus nobilibus, militibus, & nautis (exceptis paucis qui ad quatuor majorum navium cuſtodi-
am relicti erant) in terram expoſitis, & inter ſe agentibus de ædificiis ſtruendis
& arce reſtauranda, ſub quartam pomeridianam conſpectæ ſunt ab aliquot militibus, qui ad littus marinum exſpatiatum iverant, ſex naves ad quatuor noſtras quæ in anchoris ſtabant accedere: id milites ſtatim ſignificari jubent Ribaldo, cui ſerius advenienti denuntiant ſex magnas naves anchoras apud noſtras naves fixiſſe, quæ illico præciſis anchorariis funibus, & omnibus velis ex-
panſis fugerunt ; ſex autem illas naves anchoris ſublatis ſubſequutas eſſe (tempore autem advenit Ribaldus ut hanc perſequutionem videret cum pleriſque
aliis) melioribus autem velis præditæ noſtræ quatuor aliis ſex, brevi oculorum
noſtrorum aciem effugerunt : ante quadrantem horæ diſparuerunt etiam a-
liæ ſex, quæ res admodum anxios tota ea nocte nos reddidit, in qua Ribaldus
omnes lintres & naviculas inſtrui jubet, quingentos etiam aut ſexcentos pyxidarios in littore ſiſtit, paratos naves conſcendere, ſi opus eſſet nocte ſic trans-
acta poſtridie ſub meridiem, maxima è quatuor navibus Trinitatis ſymbolum
habens, apparere cœpit, recta ad nos tendens, conſpeximus deinde ſecundam
cui præerat Coſſette Tribunus, tandem tertiam, & paulo poſt quartam, quæ
ſigno dato nos ad ſe evocabant, Ribaldus verò metuens ne hoſtes aliqui, no-

stris navibus occupatis,id agerent ad nos pelliciendos,periculo noluit exponere suos milites, qui tamen libentissimè naves confcendissent. Navibus propius ad littus,adversis ventis,accedere nequeutibus, Tribunus Coffetius epistolam ad Ribaldum scribit,quam nauta acceptam recondidit,& in mare desiliit magnò vitæ periculo: postquam diu natasset, á nostris conspectus fuit, & subito missus lembus qui illum exciperet,& ad Ribaldum adduceret.Epistola autē sic erat scripta:Domine Ribalde, heri sub horam quartam à meridie classis Hispanica octo navium in conspectum nostrum venit, quarum sex apud nos anchoras jecerunt. sed nós animadvertentes Hispanos eos esse, præcisis funibus anchorariis vela fecimus,ipsi etiam statim velis expansis tota nocte nos persequuti funt,multaq̃ tormenta in nos exploserunt; sed videntes consequi nos non posse, quinque aut sex miliaribus infra descensiones fecerunt, educta è navibus magna Æthiopum multitudine palas & ligones gestantium,supra qua re pro tua prudentia confilium capies.

Perlecta epistola, Ribaldus præcipuos suorum in cōcilium vocat, in quorum numero triginta prope Centuriones, præter Nobiles, & commissarios, aliosque rerum procuratores. Sanior hujus concilii pars, arcem quam primum restaurandam & muniendam, magnamq́ue militum partem ducibus Laudōnieri militibus quibus itinera erant cognita, ad locum ubi Hispani erant,ablegandam esse censebat; atque ita futurum Deo juvante, ut brevi negotium expediatur: eam enim provinciam non esse Hispanici juris, cujus limites viciniores trecentis vel quadringentis miliaribus aberant. Ribaldus autem omnes ad hunc scopum tendere intelligens,ait,Domini, auditis vestris sententiis, meam etiam proferre volo: sed prius vobis significandum arbitror,me,paulo ante meum ex Gallia discessum, litteras ab Admirallio accepisse,ad quarum calcem hæc sunt verba ipsius manu exarata. Ribalde, admoniti sumus Hispanum adoriri vos velle, vide ne quid illi cedas,& rectè facies. Itaque vobis apertè dico,si sequamur vestram sententiam, futurum fortasse ut Hispani nostrorum ferociam non expectent, sed fugiant & naves denuo confcendant : qua ratione nobis occasio præriperetur eos perdendi qui nos destruere volunt. Sed hæc sententia mihi potior videtur, ut omnes nostros milites imponam quatuor iis navibus quas ad anchoras habemus, & rectà eamus occupatum ipsorum naves in anchoris istic hærentes : ubi descenderunt, quibus captis,cum nó habebunt quo confugere possint,præter aggerem recenter ab Æthiopibus factam, in continentē descendemus, & tanto cófidentius cum eis pugnabimus.

Laudonnierus jam probè versatus in cognitione temperiei aëris ejus regionis, ipsi significat,probè dispiciendum esse primùm,ante quam denuo milites naves confcendant: nam eo anni tempore exoriri subito ventorum turbines sive typhones, quos nautæ *houraganes* appellant, totam illam plagam mirandum in modum affligentes : se ea de causa priorem sententiam probare: ob easdem atque alias causas etiam reliqui priorem sententiam amplecti dixerunt. Solus Ribaldus spreto aliorum consilio perstitit in sua sententia, quam Deus haud dubiè ratam esse voluit, ut suos castigaret & improbos perderet,

Nec adhuc contentus ſuo milite, à Laudonniero poſtulavit ipſiusPræfectos atque Signiferum, quos commodè illi negare non auſus eſt Laudonnierus: tunc
omnes Laudonnieri milites ſuum Anteſignanum abeuntem videntes, ipſum
ſequuti ſunt: ego etiam illos proficiſcentes conſpiciens, navem cum aliis con-
ſcédi,licet altero pede claudus, nec dum curatus è vulnere in crure accepto bello adverſus *Outinam* geſto.

     Omnibus militibus navibus impoſitis, unius aut duarum horarum dum-
taxat ſecundo vento opus erat, ad perveniendum ad hoſtes : ſed cum anchoræ
eſſent vellendæ,ventus ſe convertit,& plane adverſus nobis factus eſt, inde flás
quo noſtrum iter erat inſtitutum, ſic ut duobus diebus & totidem noctibus
fuerit nobis expectanda commoda aura. Tertio die ut videbatur mutatio venti futura, Ribaldus jubet omnes Præfectos ſuorum militum delectum facere.
Ottignius luſtrum faciens militum Laudonnieri,me nondum probè curatum
reperit, ea de cauſa cymbæ impoſitum, cum alio milite ſartore, qui ei veſtes in
reditum in Galliam concinnaret, in arcem invitum redire coëgit. Cæterum
ſublatis anchoris & datis vento velis, ſubito coorta eſt tam horrenda tempe-
ſtas,ut naves pro ſua ſalute in altum mare quantum poſſent tendere cogerentur: ea verò non remittente, venti turbinibus ejectæ ſunt verſus Aquilonem
plus quam quinquaginta ab arce miliaribus, & omnes ad ſcopulos alliſæ con-
fractǽque; omnibus tamen viris ſalvis præter nobilem ex familia Admirallij
Caſtilionei cui nomen *La Grange* Tribunum virum rerum experiétia & multis virtutibus præditum qui aquis hauſtus eſt. Hiſpanicæ naves etiã eliſæ naufragio perierunt.

     Perſeverante iſta tempeſtate, Hiſpani admoniti Gallos naves conſcen-
diſſe, & non abs re ſuſpicati naufragio per eam tempeſtatem periiſſe, noſtram
arcem facile ſe occupaturos exiſtimarunt : & licet tanti atque continui
eſſent imbres, ac ſi denuo peritura diluvio eſſent omnia, tota tamen nocte ad
noſtram arcem iter facere non deſtiterunt : eadem nocte continuas excubias
egerant pauci illi qui arma tractare norat: nam ex centum & circiter quinquaginta qui in arce reſtiterant, vix viginti ad reſiſtendum erant apti; quia Ribaldus, ut dictum eſt, omnes ſtrenuos milites abduxerat præter quatuordecim
aut quindecim ægros & mutilos vulneratoſq; ex prælio adverſus Regem *Ou-*
tinam geſto:reliqui erant aut miniſtri aut opifices(qui ne pyxidem quidem unquam explodi audiverant) aut Regii Commiſſarii, ad calamum quam gladi-
um tractandum magis idonei ; præterea aliquot mulieres,quarum mariti majore ex parte naves conſcenderant: Laudonnierus verò æger in lectulo decum-
bebat.

     Orta jam luce, cum nemo circum arcem conſpiceretur, Dominus de la
Vigne,cui Laudonnierus excubiarum curam commiſerat, miſertus militum
madentium, & continua vigilia fatigatorum, eos ad horam quieti ſe tradere
jubet: vix armis depoſitis in ſuas habitationes ingreſſi erant, cùm Hiſpani duce
Gallo Franciſco Ioanne, qui ſuos ſodales ſeduxerat,tribus locis accelerato gradu in arcem penetrant nemine reſiſtente, & militum ſtatione occupata ſigna
                                     militaria

figunt, inde per militum domos vagantur, & quotquot reperiunt occidunt, unde clamores & horrendi gemitus exauditi eorum qui jugulabantur: ad me quod attinet, quotiefcunque memoria repeto infigne miraculum quod Deus (cui nihil certe impoffibile) in me oftendit, fatis mirari nequeo, & quafi attonitus hæreo : nam ab excubiis rediens, pofita pyxide tormentaria, totus madens in xylinum lectum, quem Brafilianorum more fufpenderam, me conijcio aliquantulum dormitare fperans : fed exauditis clamoribus, armorum ftrepitu, & iteratis vulnerum ictibus, illico defilii, atque egredienti ædes, ut viderem quid rerum gereretur, bini Hifpani eductos gladios manu tenentes, in ipfa janua obvii facti, nec me allocuti (licet in eos impegiffem) in habitationé ingrediuntur: ego verò vlterius progreffus nihil nifi cædes confpiciens, atque etiam militum ftationem occupatam ab Hifpanis, pone eam regredior & recta proficifcor ad aggeris foramen (quâ tormenta ænea explodebantur) ex quo facilius me poffe exilire fciebam : iftic quinos vel fenos è meis commilitonibus reperio necatos, quorum duos agnovi, videlicet Ja Gaule & Ioannem du den. Tû in foffam defilio, quâ fuperata folus iter facio paulatim afcendens, donec ad filvam quandam pervenirem: iftic in æditiore collis loco confiftenti, primum mihi à Deo mens reddita: certum enim eft, quæcunque mihi ab habitatione digreffo acciderant, tamquam mente capto eveniffe. Oratione autem ad Deum facta, ut quid in tam extremo periculo agendum effet mihi fuggereret, ejus Spiritus inftinctu fylvam, cujus femitæ ex frequenti ufu ante probe mihi erant cognitæ, ingreffus fum : paululum progreffus, alios quatuor Gallos reperi magna cû animi lætitia, atq; nos mutuo confolati, difquirere cœpimus quid effet agendum : nonnullorum erat fententia, ut iftic in pofterum diem, quo Hifpanorum furor mitigari poffet hæreremus, deinde in ipforum poteftatem nos traderemus potius, quàm iftic manentes ferarû libidini nos exponeremus, aut fame, quam aliàs tam diu perpeffi eramus, extingueremur: aliis difplicebat hæç fententia, & Indorum habitationes procul quærandas effe cenfebant, apud quos viveremus, donec Deus aliam viam nobis demonftraret : ad quos ego, fratres, neutrorum fententiam probo, fed fi mihi credatis, per filvam ad maris littus tendemus, vbi forfitan aliquid intelligemus de binis navigiis minoribus quæ Ribaldi mandato flumen ingreffæ funt ad exonerandam annonam è Gallia advectam : illi meas rationes omnino impoffibiles judicantes, ad Indos fe contulerunt, me folo relicto. Verùm Deus, meæ afflictionis mifertus, alium comitem procuravit, nempe militem illum, Grand chemin nominatum, quem ab Ottignio in arcem, ad veftes illi concinnandas, remiffum ante dixi : huic idem confilium do quod aliis, nempe littus inveftigandum, ad minora duo navigia reperieda; probato meo confilio, toto illo die facientes iter, tandem fylvam fuperavimus : fed ut quo tendebamus perveniremus, emetienda adhuc erant harundineta, magnis harundinibus confita (difficile admodum iter) atque tali labore confectos nox oppreffit continuis imbribus fupra nos cadentibus, & maris undis intumefcentibus, aqua fupra cingulum inter ifta harundineta etiam pertingente, quo in labore prior nox tranfacta eft. Orta jam die cum verfus mare nihil fefe offerret noftris oculis, indignatus miles mihi dixit, præftitiffe

hoſtibus ſe tradere, atque ad eos regrediendum : nam dum intelligent nos o-
pifices, parcituros, ſin minus, an nó ſatius eſt ab illis occidi, quàm in hoc miſero
ſtatu languere? Eum à tali propoſito divertere tentavi, ſed operâ luſi: imo jam
me relicturus, effecit ut fidem illi darem ad Hiſpanos cum ipſo regreſſurum: re-
menſo itàque per ſylvam itinere, conſpiciens jam arcem, & ſtrepitum gaudi-
umq́; Hiſpanorum exaudiens, commotus fui : atque militi dixi, Oro te amice
& ſodes, ne illuc eamus, ſed aliquantulum adhuc ſubſiſtamus: Deus enim aliquam ſalutis viam nobis demonſtrabit; cùm multas habeat nobis incognitas,
& nos ab his moleſtiis liberabit : tum ille me amplexus, egò inquit abeo, & tibi valedico. Editiore paulo locum conſcendens, obſervare volui quid illo fieret.
Conſpectus ab Hiſpanis ut è monte deſcendebat, illico adverſus eum caterva
militum mittitur, quos ad ſe venientes videns, in genua ſe conjecit, vitam ab illis poſtulans: ſed furore perciti fruſtulatim cum conciderunt, ſummis haſtis &
pilis fruſta conciſa præfigentes. In ſylvam interea me abdo, in qua confecto
unius miliaris ſpatio, incido in quendam Rotomagenſem, cui nomen La Cre-
te, & Belgam Inſulanum Eliam des Planques cum Laudonneri ancilla, quæ
vulnus in pectore acceperat, ad prata igitur marina tendentes, ante quàm ſylvam egrederemur, Laudonnierum etiam invenimus & alium nomine Bar-
tholomæum, cui altum vulnus in collo acinace inflictum; tandem accedenti-
bus adhuc aliis, decimum quartum vel decimum quintum numerum expleui-
mus. Quia verò faber lignarius dictus Le Chaleux, unus è noſtris, breviter de-
ſcripſit eam calamitatem, de iis non plura : illud ſolùm addam, quod tranſactis
in aqua ſupra cingulum duobus diebus & totidem noctibus in paludibus &
harundinetis, Laudonnierus qui natandi peritus erat, cum adoleſcente Ro-
tomagenſi tria magna flumina natando ſuperavit, ante quàm noſtras naves
conſpicere poſſet : tertio die nautarum opera ſalvi Dei beneficio ad naves per-
venimus.

   Supra dictum eſt, Ribaldum aquæ penuria quatuor majores naves in fluminis oſtiú perducere nó potuiſſe, ad eas exonerandas, ſed tres minores duntaxat flumen ingreſſas, quarum majori præerat Iacobus Ribaldus ejus filius: is
ſuam navem uſque ad arcem perduxerat, & licet iſtic in anchoris ſtaret dum
Hiſpani iſtam lanienam exercerent, ne tormentú quidem ullum (cùm non ca-
reret) explodi curavit. Contra volenti ſuam navem ad fluminis oſtium moliri,
venti obſiſtebant toto illo die : interea Hiſpanis ipſum ſolicitantibus ut ſe ipſis
traderet; æquis enim conditionibus cum eo paciſci velle, nihil reſponſum:
nam cum illum obſervarent omni conatu ſuam navem in altum deducere velle, in cymbam, qua in arce utebamur, tubicine cum proditore illo Franciſco Io-
ânne (qui Hiſpanos ad arcem perduxerat) impoſito, colloquium petierunt,
ipſum ad compoſitionem invitantes. Et licet is proditor adeo confidens fuerit,
vt Iacobi Ribaldi navé ingredi non dubitarit, adeo tamen ignavus & timidus
fuit Ribaldus, ut illum retinere ſit veritus, atq; liberum dimiſerit, tametſi præter nautas plures quam ſexaginta milites haberet. Sed nec Hiſpani licet cymbis & lintribus abundarent, eum aggredi unquam ſunt auſi.

Poſtridie tandem Iacobus navem ad fluminis oſtium perduxit, ubi alias duas minores invenit, claſſiariis fere vacuas; nam major pars eorumque præſtantiorum Ioannem Ribaldum ſequuta erat. Quod animadvertens Laudonnierus, ex binarum illarũ claſſiariis & apparatu unam inſtruendam, alteram autem deſerendam ſtatuit; deinde cum Iacobo deliberat quid potiſſimum ſit faciendum, recténe facturos ſi ipſius patrem perquirerent: ille reſpondit, ſe in Galliam redire velle: quæ ſententia obtinuit. Porro, quia præter biſcoctum panem in minore navi nulla erat annona, atque aqua deſtituebatur, Laudonnierus aliquot vacua dolia aqua impleri curavit: idem fecit Iacobus, in qua re & reſtaurandis quæ deerant, biduum inſumptum; totóque illo tempore noſtræ naves lateribus conſertæ fuerunt, cùm arbitraremur Hiſpanos aggredi nos velle: nam ſubinde cymbas ingreſſi nos obſervatum veniebat, propius numquam tamen accedentes, quàm ad pyxidis tormentariæ jactum; & certè cognitis iis, quæ in noſtris perpetrarant, ſtrenuè nos defendere ſtatueramus.

Ante quam ſolveremus petiit à Iacobo Ribaldo Laudonnierus, ut unum ex quatuor quos habebat naucleris ſibi commodaret, quia nullus noſtrum navigationis admodum peritus erat, ſed repulſam tulit; deinde commodum futurum ait, ut deprimerentur naves, quas ad fluminis oſtium habebamus, ne Hiſpani à noſtro diſceſſu eas occuparet, iiſque Ioanni Ribaldo reditum in flumen præcludant, ſi illud ingredi cuperet (ignorabamus enim ipſius naufragium) ſed Iacobus nihil iſtorum facere voluit. Laudonnierus hominis pertinacia perſpecta ſuum fabrum miſit, qui naves corrumperet & deprimeret, videlicet quã ex Gallia advexeramus, quamq; à Præfecto Anglo Hawquins emeramus, & minimam earum quas Ribaldus advexerat, atque è *Florida* ſolvimus, nautis & annona male inſtructi; ſed Deus adeo proſperum iter nobis conceſſit (licet multa in navigatione perpeſſis) ut pone Angliã appelleremus in ſinũ, qui vulgo *Divi Georgij manica* appellatur. Hæc ſunt quæ de iis, quæ in noſtra navigatione à me obſervata ſunt, dicenda eſſe exiſtimavi; ex quibus apparet victoriam non ab hominibus, ſed à Deo provenire, qui omnia pro ſua voluntate juſtè facit. Nam humano judicio, quinquaginta Ribaldi milites infimi ordinis, omnes Hiſpanos protriviſſent, qui magna ex parte mendici & fex populi erant: Ribaldus verò plures octingentis pyxidariis veteranis, & ſtrenuis, quorum arma erant deaurata, habebat. Sed quandoquidem Deo ita placuit, noſtrum eſt dicere, ſit benedictum nomen Dei æterni.

Quid porro Ribaldo acciderit ab ejus naufragio, quia non adfui, dicere nihil poſſum, niſi quod à nauta quodam Diepenſi intellexi, qui ex Hiſpanorum manibus elapſus eſt, ut poſtea dicetur. Summatim igitur rem ipſam percurrã. Luſtro, ut diximus, ſuorum facto, & ſolo Centurione *la Grange* deſiderato, amiſſis tamen naufragio omnibus armis, Ribaldus ad ſuos egregiam orationem habuit, illis declarans æquo animo ferédam eſſe eam calamitatem, quæ ex Dei voluntate ipſis acciderat; erat enim verè pius & bene dicendi facultate prædictus. Peractis deinde ad Deum precibus, ad noſtram arcem (à qua quinquaginta miliaribus aberant) proficiſcendum eſſe ſtatuũt. In hoc itinere multas haud dubiè perpeſſi ſunt difficultates, & magnos labores ſuſtinuerunt: nam loca per quæ illis iter faciendum, aquis interciſa erant, ab Indis neque habitata neque culta, ſic ut herbis & radicibus veſci cogerentur, unde maxima pars animi admodum anxia: ſuperatis tamen omnibus difficultatibus magno animo, vicini noſtræ arci facti ſunt ad quartum aut quintum miliare, ut Laudonnieri milites ex locorum obſervatione judicare poterant. Tum Ribaldus ulterius progredi non voluit, ſed coacto concilio, quid agendum eſſet, deliberandum cenſuit: tandem in eam ſententiam itum eſt, mittendum eſſe Vaſſorium, virum navigationis admodum peritum, cui noti erant omnes rivi qui in flumen Maiū decurrebant, cum quinque aut ſex viris, in Indica cymba, ut obſeruaret, & intelligeret quî valerent Galli in arce relicti. Ille in majorem fluminis alveum peruveniens & arci vicinus, Hiſpanica ſigna agnovit, quibus conſpectis, ad Ribaldū rediit, ab Hiſpanis non obſervatus, & quæ vidiſſet retulit. His auditis quantum animo mœrorem conceperit Ribaldus cum ſua caterva facile eſt coniicere, ut quid dicerent, quid agerent plane ignorent. Nam ipſe prævidebat Hiſpanorū crudelitatem, deinde majorem ſuorum partem fame & egeſtate perituram mediis in ſylvis animadvertebat: ante tamen quam quidpiam ſtatuerent, ad arcem remittendum eſſe aliquem cenſent, qui intelligat quo animo erga ſe ſint affecti Hiſpani, & quid de his actum ſit qui in arce erant. Mittitur ergo Nicolaus Verdier navis unius Navarchus, cui adjungitur Laudonnieri Centurio Caillius, cujus ante memini, in cymba cum quinque aut ſex militibus, qui ſecundum mandata illis data, è longinquo ſe conſpiciendos præbuerunt: Hiſpani his conſpectis, ſcapha ad alteram fluminis ripam aduenerunt, & cum noſtris colloqui cœperunt. Galli percontantur ubinam eſſent quos in arce reliquerant: reſpondent Hiſpani, ſuum præfectum virum humanum & clementem magna navi omnibus rebus egregiè inſtructa ipſos in Galliam remiſiſſe, nec minore humanitate erga ipſum Ribaldum, & ejus milites uſurum: hæc illi referri poſſe. His auditis Galli revertuntur. Ribaldus his intellectis, nimis temerè credidit ſuos in Galliā remiſſos, & coacto denuo concilio; maxima pars militum vociferari cœpit, eamus, eamus, quid dubitamus ad eos proficiſci? Etiam ſi nobis utantur pro ſua voluntate, an non præſtat ſemel occumbere, quā tot clamitates perpeti? nullus eſt noſtrum qui centies mortem in ſinu jam non ſenſerit, dum in iſtis anguſtiis verſamur. Alii prudentiores dicebant ſe Hiſpanis numquam fidem adhibituros: nam licet, inquiebant, nulla alia ſubeſſet cauſa, quàm odium quo nos religionis cauſa proſequuntur, certum eſt eos nobis non parcituros.

Ribaldus autem videns maximam ſuorum partem eius eſſe ſententiæ, ut ſeſe Hiſpanis traderent, ſtatuit mittendum Caillium ad Hiſpanorum Prefectū, atque ſi illum ad clementiam propenſum animadverteret, ab ipſo peteret fide Legati regis Galliæ nomine, atq; ſignificaret, ſi juſiurandū preſtare velit, omniū vitæ ſe parciturum, paratos eos fore ad ipſius pedes ſe abiicere. Hac ſententia à maxima parte probata, remittitur Caillius, qui ad arcem veniens ad præfectū perductus eſt, ad cujus pedes ſe abiiciens, ſibi commiſſa refert. Ille Caillii oratione

tione audita, non modo conceptis verbis fidem Caillio dedit, quam repetitis multis crucis fignis, ofculo fancitis, confirmavit, fed etiam juratam corã omni fuorum caterva, & fcriptam fuoq; figillo obfirmatam tradere voluit, per quam denuo jurabat, & pollicebatur, fe fine fraude, fideliter, & ut virum nobilem atque probum decet Ribaldi atque militum ipfius vitam confervaturum : datæ funt igitur litteræ eleganter fcriptæ : fed tantundem præftitiffet nuda charta, atque papyracea hęc fides. Refert ergo Caillius bellam illam promiffionem, quæ nonnullos lætitia affecit, aliqui non multum fpei ex ea ceperunt.

Ribaldus tamen fuos egregia oratione, exhortatus, & precibus ad Deum ab omni cœtu fufis, proficifci ftatuit, atque ad fluminis ripam è regione arcis cum fuis venit. Ab Hifpanis qui excubias agebant confpecti, cymbis accerfiti fuerunt. Ribaldo folo in arcem perducto cum Ottignio Laudonnieri Legato, reliqui extra arcem circiter teli jactum ablegati fuerunt, & quaterni fimul per brachia dorfis ad dorfa converfis colligati; qui ex rerum apparatu, de fua vita jam actum effe facilè cognoverunt. Ribaldus identidem Præfecti colloquium petebat, ut promiffi illum admoneret, fed furdis canebat. Ottignius miferæ plebis voces exaudiens, juratam fidem requirebat, fed rifu excipiebatur. Ribaldum in fua petitione perfeverãtem, tandem adit miles Hifpanus, Gallicè interrogat an fit præfectus Ribaldus, annuit : tum ille rurfus, fi cùm fuis militibus imperaret, eos dicto audientes non expetebat, annuit denuo : volo etiam, inquit Hifpanus, mei præfecti mandatis obtemperare. Mihi imperatum eft ut te occidam, atque hæc dicens pugionem in pectus ejus adegit : Ottignius fimiliter ab eo occiditur. His peractis, delecti funt qui reliquos vinculis conftrictos, clavis & fecuribus in tempora adactis mactarent, quod nulla interpofita mora fecerunt, illos fubinde appellantes Lutheranos, Dei atque Virginis Mariæ hoftes. Ea ratione contra religionē jurifiurandi crudeliffimè cæfi fuerunt omnes, præter tympaniftam quendam Diepenfem Drouet vocatum, tibicinem & fidicinem alium Diepenfem dictum Maffelin, qui confervati fuerunt ad choreas illis præcinendum : elapfus eft etiam nauta, qui hanc hiftoriã mihi retulit, fubfequente ratione.

Ex eorum numero qui funibus colligati ad cædem deftinati erant, cùm effet, aliquot cum aliis, plagas accepit, non eas quidem mortiferas, fed quibus fenfu privatus duntaxat fuit, tribus fociis fupra ipfum cadëtibus, cum quibus pro mortuo habitus eft. Hifpani ingentem pyram exftruere volebant ad omnes comburendos; fed cùm dies inclinaret, in alterum diem diftulerunt. Nocte jacentibus humi ftratis cadaveribus, nauta, qui folum attonitus fuerat, ad fe rediit, atque memoria repetens fe cultellum habere in lignea vagina, tantifper fe verfavit donec manu cultellum vaginã educeret, & funes quibus ligatus erat præfcinderet : deinde exurgens, illinc fine ftrepitu fe fubduxit, & tota reliqua noctis parte iter fecit; orto jam die, Solis curfu obfervato, quantũ potuit ab arce receffit (eo enim judicio præditi funt nautici homines, ut ex Solis fitu dignofcere queant quo tendere velint) atque triduo integro fine ulla intermiffione iter faciens ad Indum quendam Regem pervenit, quadraginta miliaribus ab arce diftantem, apud quem per octimeftre latuit, ante quam Hifpanis proderetur.

Circiter octo menſes ab occupata arce, Hiſpanis ſignificatum eſt, Gallos aliquot effugiſſe, & per Provinciam ſparſos eſſe. Præfectus Hiſpanorum metuens, ne Incolis conjuncti, quidpiam contra ipſum molirentur, minitatus vicinis Regibus, Gallos qui apud ipſos latebant repetiit: is apud quem erat hic nauta, ipſi dixit ut ad Hiſpanos neceſſario abiret, alioqui metuere, ne in ſe faciant impetum, atque ſuas poſſeſſiones incendant; ille ad alios Regulos tranſire voluit, ſed ab omnibus reſponſum ſuperiori ſimile tulit. Ignarus igitur quid ageret, ad arcem tendit, à qua cum binis tantum miliaribus abeſſet, ultra progredi non voluit, ſed mœrore, animi anxietate, & fame confectus, & abjecta ſpe ſalutis, mortem expectabat; in quo ſtatu per quatuor aut quinq; dies manſit. Eo tempore tribus Hiſpanis ad venationem egreſſis, ab uno illorum deprehenſus eſt, qui cadaveris potius quam vivi hominis ſpeciem ipſum referre videns, miſericordia (quam in mille Hiſpanis vix reperias) motus eſt, nauta ad ejus pedes ſe abijciête, & orante ut ipſius miſereretur. Interrogatus ab Hiſpano, qua ratione in ipſum incidiſſet, rem illi ut geſta erat narravit: mitigatus ea oratione Hiſpanus, pollicitus eſt ſe in arcem ipſum non ducturum (metuere enim ne ſtatim necaretur) ſed Præfecto ad iram ejus leniendam loquuturum, & ſe quæcumque poſſet in ipſius gratiam facturum; & cognita Præfecti voluntate, ad ſe reverſurum. Eo igitur iſtic relicto, abit in arcem miles, tantumq; peregit apud Præfectum, ut polliceretur non moriturum: & militis perſuaſione condemnatus eſt ad mancipii ſervitia. Poſtridie miles Hiſpanus ad miſerum nautam Gallum redit, & illum in arcem ducit, ubi tamquam mancipium annum ſervivit; deinde in Cubæ inſulæ, *portum Havana* dictum miſſus; & compedibus vinctus cum altero Gallo viro Nobili nuncupato Domino de Pompierre, qui una cum aliis Laudonnieri militibus in *portu Havana* captus fuit, cùm invitus eam navigationem ſuſcepiſſet, ut in hoc brevi totius navigationis diſcurſu ſupra declaravi. Tandem Pompierrus cum nauta venundati, & navi impoſiti, ut in Luſitaniam aveherentur: ſed ea nave in Gallicam incidente, cujus præfectus erat Bontemps dictus, ex Galliæ portu adveniens, pugnatum eſt utrimque aliquanto tempore, ſed victoria penes Gallos fuit, qui binos iſtos vinctos reperientes, eos reddita libertate in Galliam reduxerunt. Sic Dominus pro ſua voluntate rationes invenit, quibus miſeros liberet præter ipſorum ſpem.

Hæc ſunt quæ à nauta intellexi de interitu Ribaldi & ſuorum: noſtrum porro eſt, noſmet-ipſos & noſtra peccata accuſare de hoc eventu, non Hiſpanos, quibus Dominus tamquam virgis uſus eſt, ad nos ſecundum noſtra merita caſtigandum. Soli autem Deo omnipotenti, & filio ejus Ieſu Chriſto Domino noſtro, atque Sancto Spiritui, ſit honor & gloria in ſempiternum. **Amen.**

INDEX

INDEX CAPITVM.

1 Floridæ Promontorium ad quod Galli appellunt, *Gallicum* dicitur.
2 Gallorum ad Maii flumen navigatio.
3 Galli Maio relicto, duos alios amnes observant.
4 Sex alia flumina à Gallis observata.
5 Galli ad Portum Regalem perveniunt.
6 Gallorum Præfectus columnam in qua Regis Galliarum insignia, statuit.
7 Galli in Caroli propugnaculo relicti, annonæ penuria laborant.
8 Columnã à Præfecto prima navigatione locatam venerantur Floridéfes.
9 Galli locum condendæ arci aptum deligunt.
10 Arcis Carolinæ delineatio.
11 Ceremoniæ á Saturioua in expeditionem adversus hostes profecturo, observatæ.
12 Outina adversus hostem exercitum ducens, de eventu magum consulit.
13 Outina Gallorum auxilio Potanou suum hostem superat.
14 Outinæ in bellum proficiscentis militaris disciplina.
15 Outinæ milites ut cæsis hostibus utantur.
16 Trophæum & solennes ritus devictis hostibus.
17 Hermaphroditorum officia.
18 Mulierum quarum mariti vel in bello cæsi, aut morbo sublati postulata a Rege.
19 Mulierum extinctos maritos lugentium ceremoniæ.
20 Ægros curandi ratio.
21 Culturæ & sationis ratio.
22 Floridenses convehendis in publicum horreum fructibus diligentes.
23 Ferinæ, piscium, & reliquæ annonæ illatio.
24 Pisces, ferinam, reliquam annonam ustulandi ratio.
25 Cervorum venatio.
26 Crocodilos conficiendi ratio.
27 Floridensium in insulas trajectus, ut genio indulgeant.
28 Conviviorum apparatus.
29 Qua ratione Floridenses de seriis rebus deliberant.
30 Oppidorum apud Floridenses structura.
31 Hostium oppida noctu incendendi ratio.
32 Excubitorum socordia ut punitur.
33 Bellum denunciandi ratio.
34 Primogeniti solennibus ceremoniis Regi sacrificantur.
35 In cervi exuvio Soli consecrando solennes ritus.
36 Iuventutis exercitia.
37 Qua pompa Regina delecta ad Regem deferatur.
38 Qua solennitate Regina à Rege excipiatur.
39 Regis & Reginæ prodeambulatio recreandi animi gratia.
40 Ceremoniæ in Regis & Sacerdotum funere observatæ.
41 Auri legendi ratio in rivis è montibus Apalatcy decurrentibus.
42 Petri Gambie Galli cædes.

INDORVM

Floridam provinciam inhabitantium eicones,
primùm ibidem ad vivum expressæ
à IACOBO LE MOYNE cui cogno:
men DE MORGVES:

addita ad singulas brevi earum declaratione.

Nunc verò recens à THEODORO DE BRY
Leodiense in æs incisæ,
& evulgatæ.

Cum gratiâ & privil. Cæf. Maieſt. ad quadriennium

FRANCOFORTI AD MOENVM
Typis Ioannis Wecheli, Sumtibus verò Theodori
de Brÿ ANNO M D XCI.
Venales reperiũtur in officina Sigiſmundi Feirabẽdii.

Floridæ Promontorium ad quod Galli appellunt, I.
Gallicum ab illis nuncupatum.

Pront Gallicum.

F. Delfinum.

G*ALLI* prima in *Floridam* provinciam navigatione, ad *Promontorium appulerunt non in sublime elatum,* (planum enim erat littus) *sed præaltarum arborum syluis obsitum, quod in honorem Galliæ,* Promontorium Gallicum *à Classis Præfecto fuit nuncupatum, triginta circiter gradibus ab Æquatore discretum. Inde ad Septentrionem littus legentes, latum & amænum flumen invenerunt; ad cujus ostia anchoras jecerunt, ut postridie diligentius observarent: vocavit* Laudonnierus *in secunda navigatione, hoc flumē,* Delphinorum amnem, *quod istuc appellens plurimos Delphinos in eo natantes vidisset. Ad fluminis ripas appellentes, multos Indos conspexerunt, qui eo se contulerant, ut ipsos perhumaniter & amicè exciperent: quemadmodum re ipsa experti sunt, aliquot ibi cum corijs ipsorum Præfecto donatis, polliciti sunt etiam suum Regem demonstraturos, qui cum illis non adsurrexerat, sed ramis lauri & palmarum substratis adhuc insidebat. Is Præfectum donavit magna pelle undique variorum animalium syluestrium ad vivum expressorum genere exornata.*

A 2

F. Maii

ONSCENSIS denuo scaphis aliò navigarũt : & antè quàm appellerent, ab alia Indorum turba salutationibus excepti sunt ; qui ad humeros usque flumen ingressi, parvos corbes mayzo, morisque albis & rubris plenos ipsis obtulerunt : alijs ad eos in continentem de-
ferendos operam suam offerentibus : in quem delati, illorum Regem conspexerunt, quem
bini filij cum caterva Indorum arcu & pharetra sagittis plena armatorum comitabantur.
Mutuis salutationibus peractis, in syluas profecti sunt, multa singularia istic se reperturos sperantes : sed
nihil præter arbores rubra & alba mora ferentes observarunt, quarum fastigia multi bombyces
occupabant. Id autem flumen Maii nomine indigetarunt ; quoniam ejus
mensis primo die conspectum ab ipsis
fuit.

PAVLO poſt in naves regreſsi, ſublatis anchoris, ulterius ſecundum littus navigarunt, donec in amœnum flumen inciderent, quod ipſe Præfectus obſervare voluit cum ejus loci Regulo & indigenis, illíque Sequanæ nomen indidit; quia Sequanæ Galliæ fluvio admodum ſimile eſſet: diſtat autem à Maij flumine circiter quatuordecim leucis. Deinde in naves regreſsi, ulterius ad Septentrionem navigarunt. Sed non procul digreſsi, aliud ſatis elegans flumen repererunt, cujus obſervandi cauſa binas ſcaphas inſtruxerunt. In eo Inſulam invenerunt, cujus Rex ſuperioribus non minus humanus fuit. Flumini Axonæ nomen inditum; diſtat verò à Sequana ſex miliaribus.

INDE *navigantes, & circiter sex milia emensi, alium amnem invenerunt, cui Ligeris nomen impositum: deinde alios quinque subsequenter, quorum primus* CHARENTA, *alter* GARVMNA, *tertius* GIRVNDA, *quartus* BELLVS, *quintus* GRAN-DIS, *appellati. Quibus diligenter observatis, & conspectis minore quam sexaginta miliarium spatio, plurimis singularibus rebus secundum novem flumina : ijs tamen non contenti, magis adhuc ad Septentrionem progressi sunt, iter sequentes quod ad* JORDA-NEM *flumen, totius fere Septentrionis elegantissimum, eos perducere posset.*

Prom. Lupi.

Portus Regalis, sive F. S Helenæ.

ITER solitum persequentes, amnem invenerunt. quem Conspectu bellum nuncuparunt: dein tria aut quatuor miliaria ulterius emensi cum essent, ipsis significatum, non procul inde abesse latum aliud flumen magnitudine & amœnitate reliqua superans: quò progressi, ob ejus amœnitatem & amplitudinem Regalem portum appellarunt. Istic subductis velis, anchoras ad decem orgyias jecerunt: descensione à Præfecto & militibus in continentem facta, amœnissimum esse locum compererunt: nam quercubus, cedris, & alijs arborum generibus consitus erat. Per quas incedentes, Indicos pavones, sive Galli-pavos prætervolantes, & cervos per sylvam errantes conspiciebant. Hujus fluminis ostium latum est tribus Gallicis leucis sive miliaribus, & in duo cornua dividitur; quorum alterum ad Occidentem vergit, alterum ad Septentrionem, idque (secundum quorundam opinionem) interiora regionis penetrans, ad flumen Iordanem tendit: alterum in mare relabitur, ut ab inquilinis observatum est. Patent hæc bina cornua magnis duobus miliaribus in latitudinem, & in eorum medio insula est, cujus cuspis fluminis ostium spectat. Paulo post navi denuo conscensa, cornu ad Occidentem se convertens ingressi sunt, ut ejus commoditates observarent: & emensis circiter duodecim miliaribus, Indorum catervam conspexerunt, qui scaphis animadversis illico, fugæ se mandarunt, relicto quem assabant lupi cervarij catulo: cujus rei causa eum locum Lupi promontorium appellarunt. Ulterius navigantes, in aliam fluminis divisionem inciderunt, ab Oriente labentem, per quam Præfectus, relicto majore alveo, navigare statuit.

Cedrorum Insula

F. Liburu

I N naves tamen regreßi, & in illis traducta unica nocte, Præfectus limitem columnæ instar excisum, in quo sculpta erant Regis Galliæ insignia, in cymbam exonerari jubet, ut eum amœnißimo aliquo loco collocaret: quo peracto, & tria circiter miliaria in Occidentem versus emensi, fluviolum observarunt, quem ingreßi tamdiu navigarunt, ut tandem in majorem fluminis alveum relabi, atque parvam insulam à continente sejunctam confi-, compererint. Jn hanc descendentes, perspecta ejus summa amœnitate, ex Præfecti mandato, columna udo quodam tumulo collocata fuit: deinde binas ingentis magnitudinis cervos, præ ijs quos hactenus con-cerunt, invenerunt, quos facile tormentaria pyxide occidißent, nisi Præfectus, singulari eorum magni-line delectatus, vetuißet: ante quam verò cymbam conscenderent, fluviolo parvam insulam cingenti Li-ni nomen indiderunt. Conscensa cymba, aliam insulam non procul à prima dißitam perlustrare volue-runt: sed cùm in ea nihil præter celsißimas cedros, quibus pares in ea regione non viderant, repe-rißent, Cedrorum insulam propterea appellarunt; deinde ad sua navigia reverſi sunt. Parva insula in qua columna erecta fuit, hac nota F. insignita est.

B

P AV LO post Præfecti Ribaldi è Florida abitum, qui in Charles-fort propugnaculo
supra fluviolum insulam, quæ in majore Portus Regalis alveo Septentrionem spectante sita est, ingredientem, ab ipso extructo, relicti fuerant, annonæ penuria laborare cœperunt:
varijs igitur exquisitis sententijs, qua ratione his difficultatibus occurri posset, nihil consultius futurum censuerunt, quàm ad Regem Ouadé, & Couëxis ipsius fratrem profi-
cisci: ea de causa aliquot è suis ad eos ablegarunt, qui indica cymba per regionis interiora circiter decem miliaria progressi, elegans & magnum flumen aquæ dulcis invenerunt, in quo plurimos Crocodilos Niliacis
longè majores observarunt: flumini s ripæ celsis cupressis sunt obsitæ. Paululum eo loco commorati, deinde ulterius progressi, ad Regem Ouadé pervenerunt: à quo perhumaniter excepti, sui adventus causam ipsi ex-
posuerunt, orantes ne in tanta necessitate eos desereret. Hac re intellecta, legatos ad fratrem Couëxis mittit
petitum mayzum & fabas. Quod ille sine mora fecit: nam postridie summo mane legati cum commeatu re-
versi, & jubente Rege annona in cymbam illata, Galli plurimum hac Regis liberalitate gaudentes, valedi-
cere voluerunt: verùm ille non permittens, eo die apud se retinuit, & genialiter eos habuit. Postridie
mane demonstratis milij sive mayzi agris, significavit, ne penuria se premi sinerent,
quamdiu id milium superesset: deinde à Rege dimissi, eadem via, qua
advenerunt, ad suos redierunt.

B 2

C V M Galli in Floridam provinciam, secunda navigatione instituta duce Laudonniero, appulis-
sent, ipse comitibus quinque & viginti pyxidarijs in continentem descendit, salute ab Indis accepta (nam catervatim ad eos conspiciendos advenerant) Rex Athoré quatuor aut quinq; miliaribus à maris littore habitans etiam venit, & muneribus datis & acceptis, omnique humani-
tatis genere exhibito, indicavit se singulare quidpiam ipsis demonstrare velle, propterea orare ut
inà proficiscerentur: adsentiuntur, quia tamen magno subditorum numero cinctum videbant, cautè & circumspe-
ctè cum eo profecti sunt. Ille verò eos in insulam deduxit, in qua Ribaldus super tumulo quodam saxeum limitem
insignibus Regis Galliæ insculptum posuerat. Proximi facti, animadverterunt Indos hoc saxum non secus atque
idolum colere: nam ipse Rex eo salutato, & exhibito qualem à suis subditis accipere solet honore, osculu fixit, quem
imitati sunt ipsius subditi, ut idem faceremus adhortati. Ante saxum jacebant varia donaria fructibus ejus regionis & radicibus edulibus, vel ad medicum usum utilibus constantia, vasáque plena odoratis oleis, arcus & sagittæ:
cinctum etiam erat, ab imo ad summum, florum omnis generis corollis, & arborum apud ipsos selectissimarum ramis. Perspecto miserorum horum barbarorum ritu, ad suos redierunt observaturi commodissimum ad propugnaculum extruendum locum. Est verò hic Rex Athoré formosus admodum, prudens, honestus, robustus & proceræ admodum staturæ, nostrorum hominu maximos sesquipeda superans, modesta quadam gravitate præditus, ut in eo ma-
jestas spectabilis reluceat. Cum matre matrimonium contraxit, & ex ea plures liberos utriusq; sexus suscepit, quos
percusso fœmore nobis ostendit: postquam verò ipsi desponsata fuit, parens ejus Saturioua illam amplius non attigit.

F. Maii

Bservatis multis ejus regionis fluminibus, tandem itum est in eam sententiam, potius ad flumen Maii deligendas esse sedes, quàm ad aliud ullum flumen: quia jam animadverterant illud præ reliquis milio & farina abundare, præter aurum & argentum quod istic in prima navigatione repertum est: cursum igitur ad id flumen direxerunt, in quo cùm navigassent ad locum quendam monti vicinum, commodior æstimatus est ille locus ad arcem côdendam, quam ullus alius hactenus ab ipsis conspectus. Postridie summo diluculo, fusis ad Deum precibus, & actis gratijs de felici in eam provinciam adventu, omnes alacres sunt redditi: deinde plana area in triquetram formam dimensa, singuli manum operi admovere cœperunt; alij terram evertendo, alij fasces ex virgultis cæsis componendo, alij vallum conficiendo: nemo enim adfuit qui palam, serram, securim, aliudve instrumentum non haberet, cùm ad arbores cædendas, tum ad arcem instruendam, eáque diligentia adhibita est, ut brevi opus procederet.

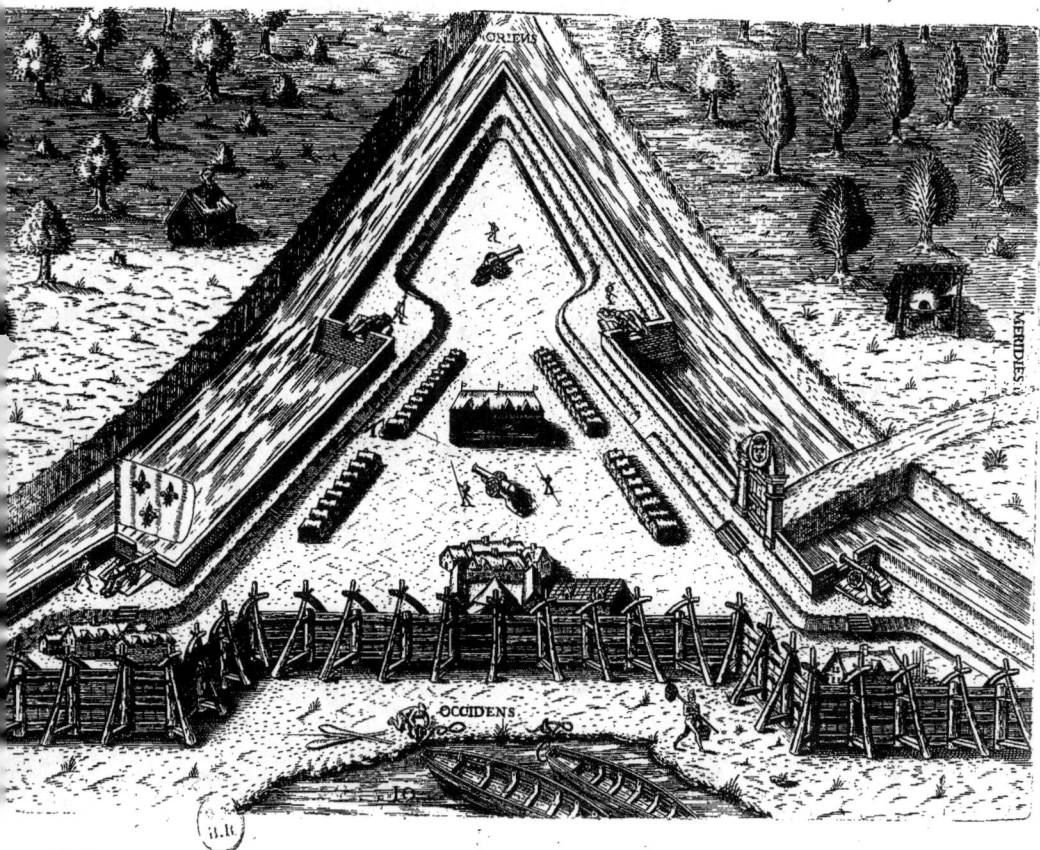

REDVCTA igitur in triangulum arce, quæ Carolina postea nuncupata est, latus Occidenti objectû & continentê spectans, exigua fossa & vallo ex cespitibus constante novem pedum altitudine claudebatur; aliud latus flumini objectum tabulis & cratibus septum fuit. Latere Meridiem spectante veluti propugnaculum quoddam assurgebat, in quo horreum ad annonam recondendam exstructum. Omnia ex fasciculis & sabulo constant præter valli superiorem partem, quæ ex cespitibus duos aut tres pedes altis erat. In media arce ampla sit area decem & octo passus longa, totidem lata, in cujus meditullio ad partem Meridiei obversam locus d militum stationem paratus: parte verò ad Septentrionem vergente ædificium, quod, quoniam altius quàm ar erat, fuit exstructum, paulo post ventus disjecit: nosque experientia docuit, humilioribus contignationibus fabricanda esse ædisicia in ea regione magnis ventis obnoxia. Erat præterea alia area satis capax, cujus terum latus ipsam claudens horreo supra dicto contiguum erat, & in altero latere amnem spectante Laudonnieri domicilium porticu circumquaque cinctum. Hujus anterior janua majorem aream seu forum respiciebat; posticum autem, flumen. Satis procul ab arce furnus exstructus ad vitanda incendia: cùm enim ædes palmarum ramis essent tectæ, facilimè ignem concepissent.

R. Saturiona

II

I N ſecundæ Nauigationis compendio dictum eſt, Gallos cum Saturioua Rege potente eorum vicino fœdus & amicitiam contraxiſſe, ut arcem in ejus ditione extruere poſſent, atque ipſius amicis amicos, hoſtibus verò hoſtes futuros; præbituros etiam aliquot pyxidarios offerente ſe occaſione. Tribus igitur circiter menſibus ab inito fœdere mittit ille Legatos ad Laudonnierum pyxidarios ex fœdere poſtulatum: bellum enim adverſus ſuos hoſtes ſe gerere velle. Laudonnierus miſſo ad eum Caillio Centurione cum aliquot militibus humaniter oſtendit ſe nullos milites tum temporis mittere poſſe, quòd ſperaret ſe hoſtem ei conciliaturum. Ille indignatus tali reſponſo (nam expeditionem differre non poterat, cùm annonam neceſſariam comparaſſet, & vicinos Reges jam in ſubſidium convocaſſet) profectionem ſtatim inſtituit. Præſentibus ergo ijs qui à Laudonniero miſſi fuerant, milites pro conſuetudine Indica pennis & aliis rebus ornatos in planiciem accerſit, vicini Regi facti ipſum cingentes in orbem conſederunt, Rege in medio relicto: deinde accenſa ad latus ejus ſiniſtram pyra, & collocatis ad dextram magnis duobus vaſis aqua plenis, Rex veluti ira percitus oculos contorquens, gutture quidpiam ſubmurmurans, varioſque geſtus faciens, ſubinde horrendos clamores edebat, eoſdem clamores iterabant milites, cum armorum ſtrepitu coxas ferientes. Ille deinde accepta lignea lance ad Solem ſe obvertit venerabundus, & victoriam adverſus hoſtes ab eo petens: utque nùc ſparſurus erat eam aquam quam lignea lance hauſerat, ſic hoſtium ſanguinem effundere poſſet. Magno igitur impetu aqua in aërem conjecta, & in ſuos milites recidente, addebat, ut ego de hac aqua feci, idem de veſtrorum hoſtium ſanguine facere poſſitis exopto. Effuſa autem in ignem quæ in altero vaſe erat aqua, inquit, ſic veſtros hoſtes extinguere, & capitis ipſorum cutem referre queatis. Inde ſurrexerunt, & terra flumineque adverſo in expeditionem profecti ſunt.

R.Holata Outina.

AVDONNIERVS receptos aliquot Regis Holata Vtina ſive Outina, circiter quadraginta miliaribus à Gallorum arce verſus Meridiem habitantis, ſubditos, qui ſuperiore expeditione à Saturioua ejus hoſte capti fuerant, ad ſuum Regem remiſit; qui ſolenni fœdere cum illo icto, mutuam amicitiam ſe conſervaturos polliciti ſunt. Ictum eſt idfœdus, quia per eius Regis dicionem, & terreſtri itinere, & adverſis fluminibus aditus ſolum patebat ad montes Apalatcy, in quibus naſcitur um, argentum, & æs: ut illius Regis amicitia (quæ vix annua fuit) freti Galli liberius ad eos montes penetrare poſ-. Coſtante adhuc amicitia, à Laudonniero petijt aliquot pyxidarios milites, cupere enim bellum hoſti inferre: miſſi inti quinque duce Ottignio Laudonnieri legato. Rex advenientes magna lætitia excepit, eorum opera victoriam crſus hoſtem ſibi promittens: quia tormentariorum pyxidum fama per vicinas regiones vagata erat, & terrorem tiebat. Rege igitur ad expeditionem parato, profecti ſunt: primo die expeditũ fuit iter, altero difficile admodum, ter loca paludoſa, ſpiniſque & vepribus obſita; qua adeo cauſa Indi Gallos humeris geſtare coacti ſunt, magno ſane m commodo ob immodicos calores, tandem ad hoſtium limites pervenerunt. Tum Rex exercitu ſubſiſtere juſſo, ſe-Magum centum & viginti annos ſuperantem advocavit, & quo in ſtatu res hoſtium ſint, pronũciare jubet. Ma-ocum in medio exercitu parat, & conſpecto Ottignij, quod puer ejus geſtabat, ſcuto, petere illud jubet, impetratum i collocat, orbe quinque pedum diametri circum illud ducto, addɪtis quibuſdam characteribus & notis: tum in ſcu-genubus flexis pedum calcaneis inſedit, ſic ut nulla parte humum tangeret, & neſcio quid ſubmurmurans, varios ıs exprimebat, tamquam ın veʰ emente aliquam orationem incumberet; qua ad quadrãtem horæ producta, illico horrendus apparuit, ut humanã effɪɡɪem amplius non exprimeret: nam ita omnes artus contorquebat, ut oſſa diſſol-caudirentur, denique præter naturam multa faciebat. His peractis, momento in priſtinum ſtatum redɪjt, laſſus ta-admodum, & quaſi attonitus: deinde circulo egreſ, ıus, Regem ſalutavit, ipſɪque indicavit hoſtium numerum, & loco illum expectarent.

C

R. Holata · Outina

·13·

E res adeò Regem perterruit, ut non de hofte adoriendo, fed de fuo reditu cogitaret: At
Ottignius valde indignatus fe tantum laboris fumpfiffe, ut nulla re memorabili gefta
reverteretur, dixit, fe illum vilis & nullius animi Regis loco habiturum, nifi fortunam periclitaretur: tandem jurgijs atque etiam minacibus verbis eum adegit, ut hoftem
adoriretur. Gallos tamen in prima acie, ipfis non abnuentibus collocavit: & nifi totum
onus pugnæ illi fuftinuiffent, plurimos hoftes mactando, & Regis Potanou exercitum in fugam vertendo,
haud dubiè Outina fuperatus fuiffet: nam verum apparuit quod Magus prædixerat, quem certum
eft à dæmone fuiffe obfeffum. Outina porro hoftium fuga contentus, fuos revocavit,
& domum redire juffit, multum fremente Ottignio, qui victo-
riam profequi maluiffet.

C 2

R. Holata Outina

14

REGE Saturioua ad bellum proficiscente, ejus milites nullum ordinem servant, sed sparsi hinc inde discurrunt alij alios sequentes. Contra ejus hostis Holata Outina, cujus jam memini, quod multorum Regum Regem significat, longè eò potentior subditorum numero & divitijs, progreditur servatis ordinibus veluti instructa acie, solus in medio agmine consistens, rubro colare pictus: agminis alæ sive cornua ex adolescentibus constant, quorum maximè agiles, rubro etiam colore picti cursorum & exploratorum munere funguntur, ad hostium copias explorandas: nam horum vestigia perinde naribus percipiunt, atque canis fera alicujus, & cognitis hostium vestigijs statim ad exercitum significatum recurrunt. Porro ut tubis & tympanis nostri homines in exercitu utuntur ad significandum quid facto opus sit: sic apud eos præcones sunt, qui certis clamoribus indicant quando subsistendum aut progrediendum, hosti obviam eundum, aut aliquod militare munus obeundum. Post Solis occasum subsistunt, nec unquam pugnare solent. Castra autem ponere volentes per decurias distribuuntur, maximè strenuos ab alijs segregantes: delecto à Rege Castrorum loco in agris vel syluis ad noctem traducendam, & illo jam cœnato & solo sedente, castrorum metatores decem strenuiorum decurias in orbem circum Regem collocant: circiter decem inde passus aliæ viginti decuriæ etiam in orbem eos claudunt: viginti verò ab illis passus, aliæ quadraginta decuriæ collocantur, & ita deinceps decuriarum & passuum numerum augendo pro exercitus copia & magnitudine.

.15.

V A M D I V Galli cum magno Rege Holata Outina *in bello quod aduerſus hoſtes geſsit, uer-*
ſati ſunt, numquam pugna commiſſa eſt, quæ legitimè prælium appellari poſsit: ſed omne eorum
bellum aut clandeſtinis occupationibus, aut turmarum uelitationibus conſtat, ſubmiſsis ſemper in
eorum qui regrediuntur locum recentioribus. Qui primus hoſtem cædit uel etiam uiliſsimum,
victoriam ſibi adſcribit, licet majorem militum numerum amittat. Jn iſtis uelitationibus, qui
o cumbunt ſtatim extra caſtra abripiuntur ab ijs quibus commiſſa eſt hæc cura, & arundinis fragmentis, exactioris
quàm ullus culter aciei, à fronte in orbem ad occiput, capitis cutim ad cranium uſque ſecant; eamque totam detra-
hunt, hærentibus adhuc capillis cubito longioribus in nodum ſupra caput collectis; & qui ſupra frontem & occiput
ſunt, reſectis in orbem ad duorum digitorum longitudinem, pileorum limbi inſtar; ſtatim (ſi tantum eſt otij) egeſta
terra foramine facto ignem excitant, quem muſco exceptum, plicis pellis, quæ illis cinguli loco eſt, inuolutum ſemper
geſtare ſolent, igne accenſo, cutim deſiccant, & membranæ inſtar indurant. Pugna etiam commiſſa ijſdem arundi-
neis cultris cæſorum brachia ſub humeris & crura ſub coxis incidere ſolent, oſſaque nudata palo frangere, deinde eo-
rum confractas & ſanguine fluentes partes eodem igne uſtulando reſiccare: tum ea, capitiſque cutim de ſummis pi-
lis ſuſpenſa domum triumphantium modo deferre. Vnum ſum miratus (nam ex eorum numero, qui à Laudonniero
miſsi fuerunt Ottignio duce, fui) numquam eos pugnæ loco excedere, quin cadaueribus hoſtium ſic mutila-
tis, ſagittam per anum ad ſummum uſque traijciant: quod ſanè non ſine magno periculo in-
terdum fieret, niſi qui ad hoc munus ſunt delegati, perpetuò turmam
militum auxiliarem haberent.

R.Holata Outina.

16

DOMVM è bello regreſſi, certum locum habent in quem convenire ſolent: eò conferunt crura, brachia, capitiſque cutim hoſtibus adempta, & ſolenni cum pompa, ea prælongis palis in terram ſerie quadam defixis imponunt: deinde viris & mulieribus in orbem ante hæc membra ſedentibus, Magus imagunculam manu tenens, conſueto more mille imprecationibus ſubmurmuratis, hoſtes deteſtatur. Ex adverſo ad areæ extremum, tres viri genus flexis ſedent, quorum unus clavam utraque manu tenens planum lapidem percutit, ad ſingula magi ba reſpondens: ejus latera claudunt alij duo, ſingulis manibus fructum herbæ cujuſdam, cucurbitæ aut peponis inſtar creſcentis, tenentes, quem ſiccatum ſupernè & infernè aperiunt, medullaque & ſeminibus exemptis, lapillis aut granis implent, baculoque transfixo agitantes tintinnabulorum modo crepitant, patrio ritu canentes poſt Magi murmura.

Hos dies feſtos celebrare ſolent, quotieſcunque aliquos hoſtes ceperunt.

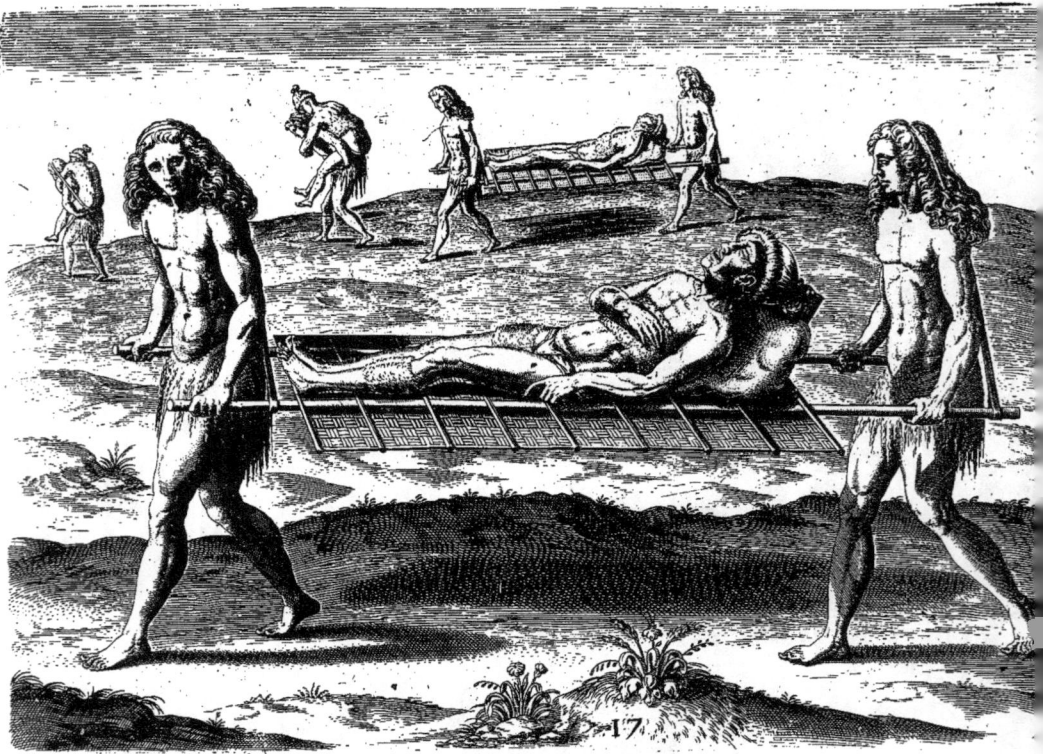

REQVENTES istic sunt Hermaphroditi utriusque naturæ participes, ipsis etiam Indis exosi; eorum tamen opera, quòd robusti & validi sint, ad onera ferenda utuntur jumentorum loco. Proficiscentibus ergo ad bella Regibus, hermaphroditi annonam ferunt: & defunctis ex vulnere vel morbo Indis, illi ipsi binis longurijs satis firmis, baculos transversos imponere, atque his storiam è tenuibus scirpis contextam alligare solent, cui defunctum superimponunt, pelle capiti substrata, altera supra ventrem alligata, tertia supra coxam, postrema supra crus (quare id faciant non sum sciscitatus, magnificentiæ tamen causa fieri arbitror; quandoquidem singulos non ita exornant, sed crus dumtaxat obligare solent) deinde coriacea cingula tres aut quatuor digitos lata sumunt; quorum extremis ad longurios aptatis media capiti, quod illis prædurum est, applicant; atque sic defunctos gestant ad sepulturæ locum. Contagioso aliquo morbo affecti, etiam ab hermaphroditis humeris ad loca destinata feruntur, atque ab ijsdem curantur &
necessaria accipiunt, donec sanitati plene
restituantur.

18.

ORVM qui in bello occubuerunt, vel morbo extincti sunt, uxores convenire solent eo
die, quem magis opportunum ad Regem compellandum censent; ad quem accedentes cum
magno mœrore & ejulatu, calcaneis insident, & manibus faciem obtegentes, magnis clamoribus & questubus, defunctorum maritorum vindictam petunt à Rege & subsidium
quo in viduitate vitam tolerare queant, & ut tempore per leges præfixo denuo illis nubere
eat. Rex earum misertus, postulata concedit: illæ domum revertuntur flentes & plangentes, in amoris
quo maritos prosequebantur, indicium: consumptis in eo luctu aliquot diebus, ad maritorum
sepulcra, ipsorum arma & poculum ex quo bibebant deferentes, denuo
flent, atque alias muliebres ceremonias
peragunt.

D

I.9

AD maritorum sepulcra pervenientes, capillos sub auribus præsecant, illisque per sepulcra sparsis, maritorum arma & conchas ex quibus bibebant ibidem abijciunt, in strenuorum virorum memoriam. His peractis domum redeunt, sed ad secundas nuptias convolare nequeunt, donec capilli renascantur tam longi, ut humeros tegere possint. Digitorum in manibus & pedibus ungues oblongos crescere etiam sinunt, illos per latera scalpentes ut præacuti reddantur, sed viri præsertim: nam si quem ex hostibus apprehendere possunt, unguibus in ejus frontem valide infixis, cutem detrahunt, eum cæcum & lacerum relinquentes.

D 2

.20.

ORBOS ista ratione curare solent. Oblonga lataque, ut in hac icone conspici potest, fabricant scamna, quibus ægros pronos vel supinos imponunt, pro morbi quo correpti sunt natura: deinde conchula præacuta frontis cutim penetrantes, sanguinem ore exsugunt, & in vas aliquod fictile, vel lagenas è cucurbita constantes reijciunt. Feminæ parvulos masculos lactantes, vel alioqui gravidæ, hunc sanguinem, præsertim robusti alicujus adolescentis, tum veniunt, ut earum lac præstantius reddatur, & pueri eo educati audaciores & strenuiores evadant. ... js in ventrem incumbentibus suffumigia siunt, conjectis supra prunas aliquot granis: nam fumus per os ... ares receptus per universum corpus distribuitur, & vomitum ciet, aut pellit & profligat morbi cau... Quandam etiam plantam habent cujus nomen excidit, Brasiliani Petum, Hispani Tabaco appellant: ... s folia probè siccata laxiori tubuli parti imponunt, eorum incensorum fumum angustiore tubuli parte ori admota attrahunt tam validè, ut per os & nares illis egrediatur, & eadem opera abundè humores eliciat.   Præterea lui venereæ sunt admodum obnoxij, ad quam curandam sua etiam habent remedia, quæ natura illis suppeditavit.

D   5

DILIGENTER colunt terram Indi, eam ob caufam ligones è pifcium offibus parare norunt viri, quibus manubria lignea aptantes, terram fodiunt fatis facilè, nam mollior eft:
ea deinde probè confracta & æquata, feminæ fabas & milium five Mayzum ferunt,
præeuntibus nonnullis quæ defixo in terram baculo foramina faciunt, in q æ fabæ & milij grana injiciantur. Facta femente, agros relinquunt: nam eo tempore hiemis fugiendæ
caufa, quæ fatis frigida eft, utpote regione inter Occidentem & Septentrionem fita, & circiter trimeftre
durat, nempe à 24. Decembris ad decimum quintum Martij, ij nudi incedentes in fylvas fe abdunt. Tranfacta hieme, domum redeunt, expectantes fementis maturitatem. Meffe confecta fructus recondunt in totius anni ufum, nullum mercimonium ex ijs facientes, nifi
forte ob vilem aliquem fupellectilem permuta-
tione facta.

Floridenſes convehendis in publicum horreum XXII. fructibus, diligentes.

S VNT in ea regione plurimæ inſulæ, varij generis fructus abunde producentes, quos bis in anno legunt, & cymbis impoſitos domum vehunt; deinde in laxum ſed humile horreum recondunt è lapidibus & terra extructum; cui tectum è denſis palmarum ramis & molli terra ad eam rem apta conſtans, imponitur. Tale horreum plerumque ſub aliquo monte aut rupe flumini vicina extruitur, quo ſolis radij non penetrant, ut fructus à corruptione faci-lius conſerventur. Jn illud etiam inferunt alios fructus quos adſervare cupiunt, & reliquam annonam, quam inde petunt cùm opus habent, nullo ab alijs ſe fraudandos iri metu ſolliciti. Optandum ſane eſſet, ut inter Chriſtianos avaritia non magis regnaret, & ho-minum animos torqueret.

23

ERTO etiam tempore, omnis ferinæ genus, piſces, atque etiam crocodilos coacervant ſingulis annis: corbibus deinde impoſitos, hermophroditorum ſatis promiſſos, criſposque capillos geſtantium, quorum ante memini, humeris imponunt, & in horreum jam dictum inferant: hanc autem annonam non niſi extrema neceſſitate attingunt: atque tum ut omnis diſſidij tollatur occaſio, alter alteri id ſignificat, adeó pacificè inter ſe vivunt. Regi tamen licet, quantum volet, inde auferre.

Pisces, ferinam, reliquam annonam ustulandi ratio. XXIIII.

HÆC autem animalia ut diutius adservari possint, in hũc modum præparare solent. Quatuor ligneis & crassis furcis in terram defixis alia ligna imponunt cratis in modum, supra quam animalibus & piscibus explicatis, ignem substruunt, ut fumo indurari possint: magnam porro adhibere solent curã ad diligenter & exquisitè indurandum, ut facilius à corruptione servari queant, quemadmodũ ex hac pictura videre licet. Hanc verò annonam mparari existimo ad vitam mensibus hibernis, quibus in sylvis delitescunt, traducendam: nam eo tempore numquam ab illis vel minimũ quidpiam impetrare potuimus. Propterea, ut dixi, annonæ horreum sub rupe vel scopulo aliquo, secundum flumen, nec procul à magna quapiam sylva extructum est, unde, cùm opus est, parvis cymbis eam ferant.

INDVSTRIA ad cervos capiendos utuntur Indi, numquam à nobis ante conspecta: maximorum quos capere potuerunt cervorum pelles ita corpori applicare norunt, caput suo capiti accommodantes, ut per oculorum foramina, tamquam per larvam, conspicere possint; ita compti quàm proximè possunt, ad cervos nihil metuentes accedunt; prius tempore observato, quo cervi ad flumen bibendi causa eunt: eos, arcum & sagittam manu tenentes, facile figere possunt, cùm frequentes sint admodum in ea regione : arboris tamen cortice sinistrum brachium muniunt, ne ab arcus nervo lædantur à natura ita edocti. Pelles verò cervis detractas, non chalybe, sed conchis adeo accuratè parare norunt, ut mirum sit, nec quemquam in universa Europa inveniri existimo, qui tanta arte eas parare queat.

E   2

ROCODILIS hoc modo bellum inferunt: cafulam rimis & foraminibus plenam apud flumen faciunt, in qua vigil, qui Crocodilos procul conspicere & exaudire potest: nam fame pressi è fluminibus & infulis reptant prædæ caufa; qua non inventa tam horrendum clamorem edunt, ut per dimidij miliaris spatium exaudiri queat. Tum vigil excubitores convocat ad id paratos: illi deni aut duodeni longam arborem corripientes huic vasto animali viam procedunt (hiante rictu si quempiam illorum apprehendere posset adrepenti) atque summa agilitate uiorem arboris partem quàm altissimè possunt in rictum ejus adigunt, ut inde ob inæqualitatem & cortiscabritiem eximi nequeat. Crocodilum igitur in dorfum obvertentes, ejus ventrem, qui mollior est, clavis & jaculis feriunt & aperiunt; dorso enim ob duras quibus tectum est squammas impenetrabilis est, præfertim si vetulus est. Hæc est apud Indos ratio venandi Crocodilos, à quibus adeò molestantur, ut noctu & interdiu non minus excubias agere cogantur, quàm nos adversus infensissimos hostes.

E 3

ABVNDAT ea regio amœniſſimis inſulis, ut ex primis picturis videre licet : flumina alta non ſunt, ſed aqua limpida & pura, vix ad pectus pertingit. Indi genio indulgere volentes cum uxoribus & liberis, in has inſulas, flumine trajecto, vel natatu (nam peritiſſimi ſunt natatores) vel gradiendo, qui parvos habent liberos, perveniunt. Matres enim ternos ſimul ferre poſſunt, minimum in humeris, altera manu brachium ejus tenentes, alijs duobus matrem ſub axilla amplectentibus; altera manu caniſtrum fructibus aut epulis ad veſcendum plenum ſublevatum geſtantes. Cùm verò ab hoſtibus ſibi metuant, viri arcum & ſagittas ferre ſolent; quæ ne madeant, pharetram crinibus capitis implicant, altera manu ſublevata arcum tenſum & ſagittam tenentes, ad defenſionem parati, ut ex hac pictura videre licet.

28

ERTO anni tempore, quo convivia inter se celebrare solent, delectos habent ad id munus
coquos: ac primum magnum ac rotundum fictile vas (quod ipsi-met parare & adeo exactè
percoquere norunt, ut in eo non minus ac in nostris lebetibus aqua bullire possit) supra cras-
sa ligna collocant, ignem subijciunt ipsorum aliquo flabellum ad ignem excitandum valde
aptum, manu tenente: Præfectus coquorum quæ coquenda sunt in ollam inijcit, alij aquam
ssam ad purgandum infundunt, alius aquam vase, situlæ in modum facto, adfert, alter aromata cibis in-
genda in plano aliquo lapide atterit; dum mulieres, seligendis ijs quæ ad culinam necessaria, sunt occupa-
Licet verò suo more magna agitent convivia, sobrij tamen sunt in edendo, inde fit ut longo tempore vi-
t. Nam ex ijs Regulis unus mihi affirmavit, se trecentorum annorum ætatem habere; & patrem, quem
i ostendit, quinquaginta annis eum superare: ut verum fatear, cùm illum conspicerem, ossa humana pelle
luntaxat tecta videre me putabam. Pudorem sane incutiunt Christianis, qui suis compotationibus
& convivijs sine moderamine celebratis, brevitatem vitæ sibi accelerantes, merito deberent tradi in disciplinam his barbaris hominibus & animantibus
brutis ad ediscendam sobrietatem.

R Ex cum nobilibus certis anni diebus quotidie mane convenire solet in publicum locum ad hoc de
stinatum, in quo magna scamna quasi in hemicyclum constructa, inter quæ aliud antrorsum pau
lulum prominens novem truncis ligneis rotundis constans pro Regis sede, in qua solus residet, ut a
alijs dignosci queat, eumque istic singuli ex ordine salutatum veniunt, senioribus salutationem in
choantibus, utraque manu bis ad capitis altitudinem sublata, atque proferentibus ha, he, ya, ha
ha, reliquis autem respondentibus, ha, ha. Ut salutationem quisque absolvit, in scamnis sessum concedit. Si de re alia
qua seria agendum est, Rex Iaüas, hoc est, suos Sacerdotes accersit, & seniores, à quibus singulorum sententia
exquirit: etenim de nulla re quidquam statuunt, quin primum aliquoties concilium convocent, & optimè delibe
rant ante quam statuant. Interea Rex mulieribus imperat, ut Casinam, hoc est potionem è quarundam stirpiun
folijs confectam, decoquant, quam deinde exprimentes transmittunt. Rege igitur & nobilibus in suis scamnis se
dentibus, quidam coram Rege expansis decussatim manibus stans, ipsi & reliquis qui hanc potionem ebibent ben
precatur: tum pocillator primum Regi hoc decoctum calidum in capace concha præbet, deinde (sic imperante Re
ge) omnibus alijs ex ordine, in illa ipsa concha. Tanti æstimant hanc potionem, ut nemini in hoc conventu eam bibe
re liceat, quin prius in bello fortem se præstiterit. Præterea ea facultate prædita est hæc potio, ut simulatque hau
sta fuerit, statim sudorem moveat. Eam ob causam qui continere non possunt, sed reijciunt, ijs nulla res ardua com
mittitur, aut munus aliquod militare creditur, tamquam inutilibus, cùm sæpenumero tres aut quatuor dies cib
abstinendum sit: hac vero decoctione hausta, viginti quatuor horis famem & sitim ferre possint, hinc fit ut in bel
lum profecturis, hermaphroditi nullam aliam annonam ferant, quàm cucurbiteas lagenas aut lignea vascula hoc de
cocto plena: quod licet corpora alat & roboret, caput tamen non tentat, ut à nobis, cùm hujusmodi convivia cele
brarent, observatum est.

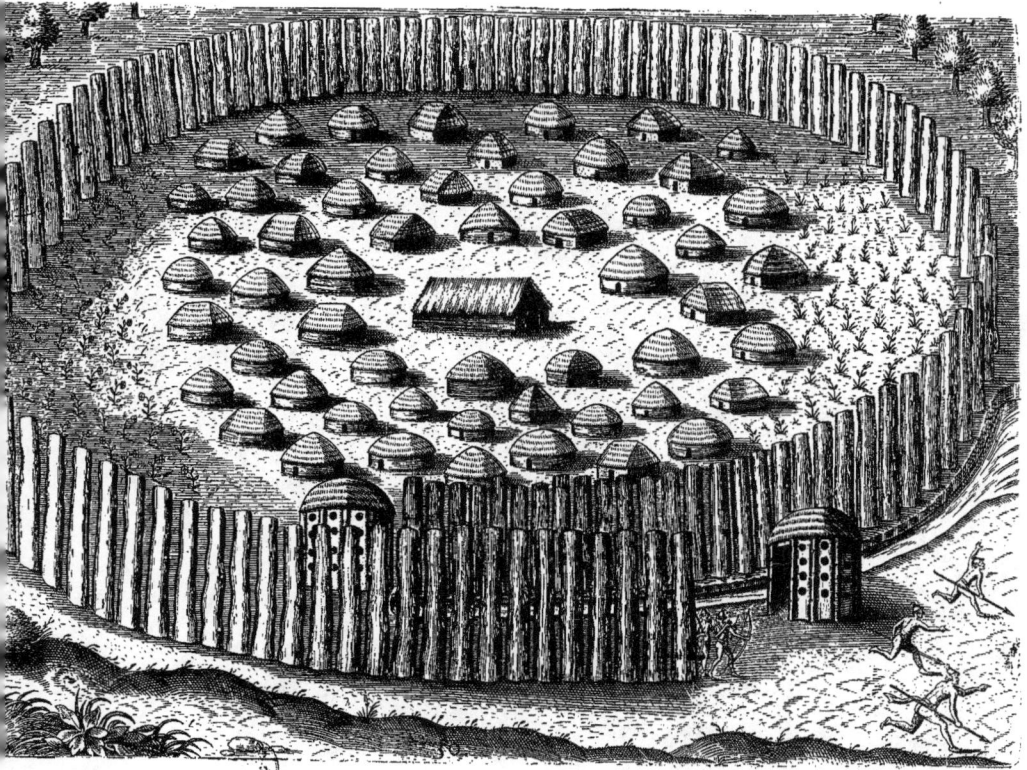

SOLENT Indi hac ratione ſua oppida condere. Delecto aliquo loco ſecundum torrentis alicujus profluentem, eum quantum fieri poteſt complanant; deinde ſulco in orbem ducto, craſſos & rotundos palos duorum hominum altitudinis conjunctim terræ inſigunt, circa oppidi ingreſſum circulum nonnihil contrahendo cochleæ in morem, ut aditum anguſtiorem reddant, nec plures quam binos conjunctim admittentem, torrentis etiam alveo ad hunc aditum ducto: ad huius aditus caput ſolet ædicula rotunda extrui, altera item ad eius finem, ſingulæ riuis & foraminibus plenæ, & eleganter pro regionis ratione conſtructæ. In his conſtituuntur vigiles viri illi, qui hoſtium veſtigia è longinquo odorantur: nam ſimulatque aliquorum veſtigia naribus perceperunt, adverſus contendunt, & ijs deprehenſis clamorem attollunt, quo exaudito incolæ ſtatim ad oppidi tutelam convolant, arcubus, ſagittis & clavis armati. Oppidi meditullium occupant Regis ædes nonnihil ſub terram depreſſa ob ſolis æſtum: has cingunt nobiliorum ædes, omnes palmæ ramis leviter tectæ, quia novem menſibus dumtaxat ijs utuntur, tribus alijs menſibus ut diximus in ſylvis degentes. Vnde reduces, domos repetunt: ſin eas ab hoſtibus incendio abſumptas reperiunt, novas ſimili materia exſtruunt, adeo magnifica ſunt Indorum
palatia.

F

HOSTES enim vindictæ cupidi, noctu interdum quam maximo possunt silentio adveniunt, exploratum an excubiæ sint somno oppressæ: si silere comperiunt, posteriorem partem oppidi accedentes, & arborum musco arido & pro eorum more parato ad sagittarum spicula alligato ignem iniiciunt, & sagittas in oppidum emittunt, ut ædium tecta, palmarum ramis constantia, & æstivis caloribus resiccata comburant. Flagrantia tecta conspicientes, quam celerrimè fugiunt, ante quam incolæ animadvertant: adeo enim agili sunt cursu, ut difficulter adsequi eos liceat: præterea incendium satis negotii incolis præbet, ut ab eo se liberare & expedire queant. Hæc sunt bellica Indorum stratagemata ad hostium oppida vastanda: verum quidem est damnum leve esse, quandoquidem solo novas ædes exstruendi labore constat.

ÆTERVM vigilum negligentia oppido igne abfumpto, ipfi hac ratione puniuntur. Rege in fcamno fedente folo, reliquis etiam proximæ poft illum authoritatis aliud magnum fcamnum hemicycli modo incurvum occupantibus, carnifex criminis reum coram Rege in genua procumbere jubet ; deinde finiftro pede in dorfum ejus impreffo, & utraque manu clavam ex ebeno aut alio aliquo duro ligno factam lateribus in aciem definentem, tanta vi verticem ferit, ut caput fere dividat. Simili fupplicio etiam afficiuntur alterius criminis rei, quod capi- ud eos cenfetur: vidimus enim binos fimili fupplicio affici.

F 3

BELLVM denuntiaturus Rex aliquis alteri suo hosti, nullo fetiali utitur qui bellum indicit; sed sagittas quarum summis capillorum promissorum flocci alligati, secundum publicas vias figere jubet: quemadmodum observavimus, cùm Regem Outinam captum per ditionis ejus pagos circumducebamus, annonæ recuperandæ gratia.

Primogeniti solennibus ceremonijs Regi XXXIIII.
sacrificantur.

ORIS apud illos est primogenitum masculum Regi victimam offerre. Sacrificij autem die Regi significato, locum adit ad id destinatum, ubi scamnum in quo sedeat, & in media area truncus ligneus binos pedes altus, totidem crassus: ante hunc pueri mater calcaneis insidens, & manibus faciem tegens filij mortem deplorat. Cognatarum vel amicarum ejus primaria, puerum Regi venerabunda offert; deinde quæ matrem comitatæ sunt feminæ in m conveniunt, & cavendo saltant lætabundæ, mutuis manibus non apprehensis: quæ puerum tenet, in ium illarum se infert saltans, & in Regis laudem quædam accinens. Interea sex Indi ad id munus delecti eparatim in areæ quadam parte stant, & inter eos medius sacrificus cum magnificentia quadam clavam tenens. Peractis ceremonijs, sacrificus infantem capiens, Regi, coram omnibus, in ligneo illo trunco mactat. Nobis præsentibus semel peracta est similis victima.

REGIS Outina *fubditi fingulis annis paulo ante ipforum ver, nempe fub Februarij finem,*
maximi, quem capere potuerunt, cervi pellem cornua retinentem fumunt, eam omni fele-
ctißimarum, quæ apud ipfos nafcuntur, ftirpium genere impletam denuo confuunt, corni-
bus, gutturi, & reliquo corpori, felectiores fructus in corollas vel longas tænias nexos ap-
pendunt. Ea fic exornata ad fiftularum & cantionum harmoniam in amplißimam & ele-
gantißimam planiciem defertur, & altißima iftic arbori imponitur, capite & pectore ejus ad Orientem fo-
lem obverfis, fubinde precibus ad Solem repetitis, ut in eorum ditione fimilia quæ illi oblata funt bona renafci
faciat: Rex cum fuo Mago proximus eft arbori, & verba præit, vulgo, quod longius abeft, re-
fpondente. Deinde Rex & reliqui falutato Sole, abeunt pelle iftic relicta in fequen-
tem annum: fingulis annis repetuntur ejufmodi
ceremoniæ.

P V D illos cursu adolescentes exercentur, constituto inter ipsos certo præmio, quod, qui diutius cursu-
ram continuare potest, aufert: arcu etiam frequenter exercentur. Deinde pila ludunt in hunc
modum: in media area præfigitur arbor octo aut novem orgyias alta, & summo fasti-
gio quadrum quoddam è viminibus contextum sustinens, quod qui pila
se exercendo tetigerit, præmio decoratur. Delectantur præterea venationibus & piscationibus.

37

DVCTVRVS uxorem Rex, ex nobiliorum puellarum cœtu, pulcherrimam maximamque deligere jubet: deinde duobus validis longurijs sede aptata, quæ rarioris alicujus animalis pelle tecta est, & posteriore ejus parte ornata ramis supernè nutantibus, ut sedentis caput tegant, Reginam delectam sedi imponentes, longurios sublevant quatuor viri robusti, & humeris sustinent, singuli ligneam furcam manu gerentes, ut longurijs subponant quando quiescendum est: duo alij utrinque ad Reginæ latera progrediuntur rotunda umbracula elegantissimè confecta in oblongis baculis gestantes ad Reginam à Solis ardoribus tuendam: præeunt alij tubas ex arboris cortice confectas inflantes supernè angustas, infernè laxiores, duobusque dumtaxat foraminibus, supero & infero, præditæ, quibus appensæ sunt ovales sphærulæ aureæ, argenteæ, æreæ ad majorem concentum. Pone sequuntur puellæ omnium formosissimæ, eleganter ornatæ torquibus & armillis ex margaritis, singulæ canistrum selectioribus fructibus plenum manu ferentes, & sub umbilicum supraque coxendices cinctæ certarum arborum musco ad obscœna tegendum. Eas sequuntur prætoriani.

.38.

AC pompâ defertur ad Regem Reginâ, in locum ad eam rem destinatum, in quo tabu-
latum extructum è lignis rotundis satis amplum, ad ejus autem latera, longum utrimque
scamnum adpositum, in quo proceres sedeant. Rex igitur in tabulati dextra parte sedens,
Reginæ, quæ in sinistra parte collocatur, adventui gratulatur, & cur eam in primariam
uxorem accipiat, exponit: illa verecunda quadam majestate flabellum manu tenens, Regi
quam honestissimè, & ut à natura edocta est, respondet. Tum puellæ in orbem se componunt, manibus non
nnexæ & cultu ab alijs differentes: nam capillos sub occipite ligantes, per humeros & dorsum deinde spar-
i sinunt, sub umbilico cinctæ lato cingulo, è quo anteriore parte veluti marsupium quoddam propendet ad
udenda tegendum : per reliquum deinde cingulum appensæ sunt ovales formulæ ex auro & argento, ad co-
endices demissæ, ut strepitum in saltu excitent dum laudes Regis & Reginæ canunt: in hoc saltu, una ma-
um attollente, reliquæ sublevant; demittente, etiam demittunt. Omnes autem viri & feminæ extimis au-
riculis perforatis oblongiusculas piscium vesiculas imponunt, quæ inflatæ unionum instar splen-
dent, rubro colore tinctæ, dilutioribus carbunculis sunt similes. Mirum homines adeo barbaros tam venustis inventis
præditos.

G 3

-39-

PRODIT interdum Rex sub vesperam deambulatum in proximam sylvam solus cum primaria conjuge, tectus cervina pelle tam eleganter parata, & varijs coloribus picta, ut nihil elegantius depictum conspici queat. Bini adolescentes latera ejus claudentes, flabella ad ventulum faciendum gestant, tertius globulis aureis & argenteis è cingulo propendentibus ornatus, pone sequitur, pellem ne terram verrat, sustinens. Regina & ejus pedissequæ ornatæ sunt ex humeris propendente vel eas cingente musci quodam genere in nonnullis arboribus nascente, tenuibus staminibus invicem cohærentibus catenularum modo prædito, viridis in cæruleum tendentis coloris, adeo venusti, ut sericea stamina videantur. Iucundum præbent spectaculum hoc musco oneratæ arbores: nam è summis nonnumquam ramis etiam præaltæ arboris ad terram usque demittitur. In venationem aliquando profectus cum aliquot commilitonibus in sylvas habitationi Regis Saturioua vicinas ipsum cum Regina ita comptos reperi.

Porrò monendus lector, omnes istos Regulos, eorumque uxores, corporis cutem puncturis quibusdam varias picturas imitantibus ornare (ut ex sequentibus iconibus videre licet) sic ut interdum in ægritudinem septem vel octo dierum incidant: puncta tamen loca, herba quadam fricant, quæ tincturam addit indelebilem. Ornatus etiam & magnificentiæ gratia, digitorum in manibus & pedibus ungues crescere sinunt, quorum latera scabentes concha aliqua, acutissimos reddunt: oris etiam circumferentiam cæruleo colore pingere soliti.

EFVNCTO aliquo Rege ejus Provinciæ, magna solennitate sepelitur, & eius tumulo crater, è quo bibere solebat, imponitur, defixis circa ipsum tumulum multis sagittis. Jllius subditi toto triduo, tribusque noctibus in continuo sunt luctu, & cibo abstinent. Omnes Reges illi amici similiter lugent, & in amoris quo illum prosequebantur testimonium, plus quam dimidiatam comam resecant cùm viri tum feminæ. Sex præterea lunis subsequenti-, delectæ quædam mulieres singulis diebus magno ululatu Regis mortem ter lugent, diluculo, meridie, & noctis crepusculum. Tota Regis supellectile in ipsius domum illata, ignis inijcitur, & sic omnia incendio umuntur.

Similiter eorum Sacerdotes defuncti in suis ædibus defodiuntur, ædesque cum tota supellectile, igne ecto, conflagrant.

ROCVL ab eo loco, in quo nostra arx extructa fuit, magni sunt montes, Indorum lingua, Apalatcy cognominati, è quibus, ut ex topographica charta videre licet, oriuntur tres magni rivi, provolventes arenam, cui multum auri, argenti & aeris admixtum est. Eam ob caussam illius regionis incolae fossas in rivis faciunt, ut provoluta ab aqua arena, in eas propter gravitatem cadat: diligenter inde educta in certum locum deferunt, & aliquanto post tempore, denuo fossis arenam quae incidit exhaurientes, colligunt, & cymbis impositam per ingens flumen devehunt, à nostris Maii nomine insignitum, quod in mare sese exonerat. Opes quae inde proveniunt, nunc Hispani in suum usum convertere norunt.

PETRI cujuſdam Gambie in Compendio meminimus, qui accepta à Laudonniero poteſtate, ſuas merces per regionem deferendi negotiationis gratia, tam probè negotiatus erat,
ut non modò mediocres opes adquiſierit, ſed etiam affinitatem cum illius provinciæ quodam Regulo contraxerit. Ille deſiderio captus in noſtram arcem ad ſuos redeundi, tantum
apud affinem egit, ut poteſtatem faceret in arcem proficiſcendi, ea tamen conditione, ut in-
ra tot lunas ad ipſum rediret: cymba inſuper data, & duo Indi additi qui deducerent. Tranſlatis autem in
ymbam quas adquiſiverat opibus, Indi comites eum in itinere mactant, dum ſe inclinat ad ignem excitan-
um, partim vindictæ cauſa (nam alter illorum fuſtibus ab eo regia negotia per Regis abſentiam admini-
rante) cæſus fuerat, partim avaritia victi, earum opum quas miles in cymba habebat: quibus direptis fuerunt, quæ res multo tempore celata.

    Hæc pictura, ne præcedentium ſeriem perturbaret, in poſtremum locum eſt rejecta: nec expreſſa fuiſ-
t, niſi Compendij auctor illius meminiſſet.

H

LIBELLVS siue EPISTOLA

SVPPLICATORIA,

REGI GALLIARVM CA-
ROLO IX. EIVSDEM NOMINIS OBLATA,
per viduas, orphanos, cognatos, affines, & ipsi Franciæ Occidentalis Regi subditos, quorum consanguinei per Hispanos in ea Galliæ antarcticæ
parte, quæ vulgò F L O R I D Æ nomen inuenit, crudeliter trucidati perierunt;

Anno 1 5 6 5.

R E x Christianissime, Patriæque Pater potentissime, nos mise-
randæ, & ærumnosæ sortis personæ, rerum omnium inopes,
animasque despondentes, viduæ, orphani, filij, filiolæque, parentibus orbati, iuuenes senesque pariter, humillimè nos cum
fletibus ac lachrymis profusissimis ad pedes Regiæ M. V. pro-
ijcimus, & protectionem eius confugimus, ærumnas & tribulationes nostras,
coram Clementissima M. V. & parentum nostrorum, maritorum, liberorum
fratrum, nepotum, consanguineorum, coniunctorum & affinium (ô horrendum spectaculum) lanienam tàm miserabilem deplorantes ex animo, eorumque fatum lachrimabile M^{ti} V. declaratum venimus.

Ceciderunt enim ex illorum numero, in prouincia F L O R I D A, plures
quàm noningenti, tàm viri, quàm fœminæ, cum infantibus simul innocenti-
bus immerentibusq;, qui omnes à Petro Melendesio & militibus eius Hispanis
crudeliter, & more plane barbaro trucidati sunt.

Cùm itaque factum hoc truculentum, non auditu tantùm efferum, immane atque execrandum : verum etiam M^{tis} V. subditorum cruor innocuus
turpiter ac nullo merito profusus atque immolatus sit: D E I fidem iustitiamq;
testamur, ac à M^{te} V. suppetias opemque imploramus, contra feroces hosce &
detestabiles latrones, ne innocentia, sanguinisq; nostri profusione, nunc inulta
manente, D E V M aliquando atque homines vltores sibi exposcitura sit.

A M^{te} igitur V. officii ratio exigit, non solùm ditionis & potestatis suæ
subditos, æquitate & iustitia, legumque vinculis sibi astrictos habere; verum

H   2

Epiſtola ſupplicatoria

etiam eoſdem ſub Maieſtatis V. protectione defenſos, ſaluos, tutos, quietosque præſtare.

Id verò maxime afflictis nobis miſeris & oppreſſis nunc à Maieſtate V. expetendum, qui diuino auxilio præfato, ad V. Maieſtatis opem omni ſpe atque fiducia, tanquam ad ſacram anchoram confugimus, & huic ſoli nos ſubiectos offerimus. Obſecrantes Mᵗᵉᵐ V. vt nos auxilio, defenſione & protectione liberatos ſaluatosque factos velit, dum factum vulnusq; adhuc recens eſt, dum Gallorū animis dolor ingraueſcit. Sic enim patremfamiliâs ſe nobis benigniſſimum, & Dominum exhibebit clementiſſimum; qui famulorum, imò filiorum ſuorum gemitus & ærumnas, animo exaudiat æquiſſimo, quique in tribulationis articulo eoſdem erectos ſuſtineat.

Hæc enim ægritudo & animi noſtri afflictio, æque ſane flebilis & commiſeratione in æternum digna exiſtit; atque Petri iſtius Melendeſij Hiſpanorum militum Præfecti tyrannis & crudelitas, tam contra morem bellicum, quam diuinas pariter & humanas leges omnes ſuſcepta & confecta, atque adeò ad omnem poſteritatem propaganda in æternum ſuperuictura ſit.

Proinde quò M. V. regia totius rei ſeriem pleniùs & explicatiùs percipiat, qua poſſumus humilitate obſecramus, vt M. V. non grauate pro innata ſua Clementia ſupplices nos audire dignetur.

Non fugit Maieſtatem V. quod ea edicto publico claſſem inſtrui præceperit, quæ in Floridéſium Regionem mitteretur; ipſa etiam præſens ſibi in hoc negotio ſubſtituerit Ioannem Ribaldum, tanquam Generalem totius claſſis Præfectum Regium.

Huius mandati publicatio ſane permultis in cauſa fuit, vt ſub tutela Mᵗⁱˢ V. nauigationem hanc ſuſciperent; qui poſtquam D E o ventisq; ſecundis, ad arcem quæ à Maieſtatis V. auſpicio & nomine Carolina in ea prouincia vocitata eſt, appulerunt, ecce improuiſò atque inſperatò, quinq; nauigia ex Hiſpanijs ſuperuenerūt, quorum maximum circiter octingentorum doliorum erat, reliqua mediocria.

Hoſtiliter ergo Maieſtatis V. claſſem inuadentes, totis eam viribus, vnoq; quaſi impetu delere anniſi ſunt; ſed ſuo conatu fruſtrati, neque claſſi noſtræ ſuperiores facti, continentem rectâ petierunt, & plures ſexcentis armati ſeſe terræ firmæ commiſerunt, qui cum incolis clam de ſaluo cōductu quamprimùm tranſegerunt; quorum indicio poſtea per cuniculos & compendia ad Caſtellum ſumptibus Maieſtatis V. extructum ab eademque denominatum nullo labore peruenerunt. Vbi illud extemplò multa nocte & cælo pluuio occupantes quoſuis obuios tam viros qnam feminas, miſere nullóque diſcrimine dilaniarunt, quin ab immerentibus infantibus etiam non abſtinuerunt, ſed tranſfixorum corpora lanceis præfigentes miſeris parentibus obiecerunt ſpectaculum inauditum & crudeliſſimum.

His exactis plures octingentis Gallicorum militum, qui ſub ſignis ſeu vexillis Ribaldi Ducis militantes ex naufragio euaſerant gallinarum inſtar perfidiſſime iugularunt: Melendes enim illis fidem fecerat, ſi vltrò ſe dederent, ſeſe
omnes

omnes simul illæsos, & naualibus victualibusq; instructos, in Galliam dimissu-
rum incolumes. Sed nimium credulis illis nudis & inermibus miseris (naufragio enim omnia arma amiserat) manus post terga reuinctæ sunt, & binis nexu
iunctis, brutorum more ad Castellum deducti : cui cum appropinquarent, ve-
xillum integrum militum armatorum, ipsis ex arce procedit obuiam, captiuos
miseros varijs calumnijs, & verbis ignominiosissimis incessens, vociferansque
Gallos esse infames, facinorosos, abominandos, exesos Elephantia, & ex Gallica lue seu venerea contagiosos, tùm verò pædicatores & Sodomitas: simulque
in vinctos irruens omnes intra mediæ horæ spacium, inq; conspectu ducis Ribaldi turpi internecione delet.

Ribaldus cernens infandam hanc suorum lanienam, totus contremiscit,
simulq; ad Petrum Melendesium contendens, vt ad huius protectionem tanquam ad aram confugiens saluus abiret, fastu insolenti illusus repellitur: Interea dum de salute sua anxius magis magisq; veniam deprecaretur, crudelis quidam Hispanus à tergo accurrens pugione confossum ad terram prostrauit: qui
cum ex hoc vulnere animo linqueretur, tandem à latrone instante pluribus
vulneribus transfixus, expirauit.

Quibus omnibus Hispanorum crudelitas nedum quidem exaturata fuit,
sed in exangue insuper cadauer (quod vel apud barbaros detestabile habetur)
rabiem suam furibundi exercuerunt, & varijs ijsq; ignominiosissimis scomma-
tibus proscissum truncarunt. Barbam mento deraserunt, & obsignatis literis
inclusam, tanquam trophæum quoddam Hispalim versus in Hispanias deferri
curarunt: Caput tandem quadrifidè secarut, & partes singulas hastis præfixas,
in media arcis area, vbi reliqua occisorum cadauera congesta erant, tanquam
in æternam rei tam strenue gestæ memoriam erexerunt.

Corpora interemptorum vtriusque sexus diffamata dehonestataque ex
castello protracta cremarunt.

Quibus omnibus quàm fædissimè peractis, haud obscure significarunt,
quanti M. V. facerent, quoue loco eam haberent, patrantes facinus hoc tam
atrox in ipsos Maiestatis V. subditos, vt nec exemplum simile in media barba-
rie perpetratu fuerit vnquam. Quis enim adduci possit, vt credat esse aliquem
ex Principum, Regum, aut Monarcharum Christianorú numero, siue ex barbarorum etiam & infideliú turba, vel ipsum adeò Turcam animi tam insigni-
ter immanis, tamq; truculenti, qui factum hoc atrocissimum probare velit, aut
vllis rationibus adductis excusare præsumat.

Illud grauissimum est, quòd in media pace in Maiestatis V. subditos la-
trocinium hoc exercuerint, quo quidem tempore M. V. neque cum Hispano,
neque cum quoquam exterorum vlla intercessit inimicitia. Quòd verò Hispanorum & non nostra culpa hæc laniena euenerit, testantur cædes parentum,
liberorum, fratrum, & consanguineorum nostrorum; nostri etiam gemitus &
lachrimæ, quibus Maiestati V. secundum DEVM miserandi supplicamus.

Adhæc eo in loco facinus hoc perpetratu, & in eos sæuitum est, qui præter
M. V. regiam, neq; subiecti fuerunt alteri vnquá, neq; imperiú agnouerút aliud
vllum.

Epiſtola ſupplicatoria

Sed forſan Petrum Melendeſium, hæc iuris ſui regula tutabitur; vt quî plus poſſit, eidem etiam quocunq; in loco, quo iure, quáve iniuria, plus licere æquû ſit. Patrocinabitur forſan & illud: omnibus prædonibus exteris integrû eſſe in M. V. regna & ditiones graſſari liberè, bona & facultates ſubditorum & ſalutem eorum violenter & armata manu inuadere, & quiduis in ipſos pro libitu ſtatuere.

Nos nihilominus quotquot ſumus ex D E I nutu atq; prouidentia M. V. ſubditi ſumus, & obedientiæ vinculo arctiſſimo ita aſtricti, animosq; in ipſam tam promptos tamque paratos gerimus, vt mille mali, lethique genera potius perpeti, quàm alterius cuiuſquam ditioni ſubijci nobis fixum atque conſtitutum ſit.

Quod ſi Hiſpaniarum Rex atrox hoc Petri iſtius Melendeſij factum forſan nôdum cognôrit penitius, hoc ſaltem ipſi incumbit tamen, vt iniuriam M. V. illatam in ipſo animaduertat grauiter, vel ipſum in Maieſtatis V. manus offerat; quo pari menſura, qua ſubditis veſtris ipſe menſus eſt, mercedem auferat: Adhæc vt Rex Hiſpaniæ poſſeſſionem & omne ius Prouinciæ Floridæ Maieſtati V. cedat, reſtituatq; liberum, quietum & ſecurum; quandoquidem ea Regio nuper admodum cum maximis M. V. ſumptibus, & tum ipſius ſubditorû ſalutis diſcrimine reperta, & finibus ditionis veſtræ adiecta ſit.

Nec enim tanquam exules, aut profugi, extorrésve ad extremas orbis iſtius oras transfugerunt M. V. ſubditi, tum cùm Prouinciam hanc variis periculis ſummaq; fortitudine occuparent, quò fines regni veſtri producerent, ſed ex mandato M. V. publico aggreſſi opus hoc perfecerunt; alacri promptoque animo M. V. obtemperantes, maximè autem cùm viderent virum bellicæ rei peritiſſimum Ioannem Ribaldum, Regia autoritate atque immunitate fultû, claſſi Ducem præfici, qui M. V. vices in hac expeditione obiret.

Accedit & hoc, quod ipſum Hiſpanorum impunitatem hanc abominandam in animis noſtris acerbiorem facit indies, videlicet hoc tam indignum facinus; vnius alicuius hominis opera atque inſolentia perpetratum eſſe. Namque ſi hoc impune tulerit iſte, & perfidis iſtis periuris & flagitioſis prædonibus indultum fuerit, ita vt illi præda hac ex M. V. noſtrisq; priuatis facultatibus parta, ſine vllo incommodo vel detrimento fruantur, iam malum hoc in omnes redundabit, & quæ nunc nobis infeſta fuit fortuna mox M. V. exiſtimationem atq; gloriam contaminatura ſit; Si hoc, inquam, in exemplum deductum, ſeria animaduerſione non corrigatur.

Nec enim quemadmodû aliàs horum improbitas impunitate confirmata & aucta fuit, ſic etiã nunc fore ſuſpicabimur. Sed fiducia & ſpe bona erigimur, M^{tem} V. ſubditis ſuis illatam iniuriam, abſq; mora vindicaturam. Quemadmodum M. V. ſalutem in hoc ſimul periclitari manifeſtum eſt.

Nec tantum de noſtra deq; M^{tis} V. ſalute hoc agitur, ſi pœnas hi ex merito luant, ſed totius politicæ adminiſtrationis, & humanæ ſocietatis vinculum in hoc laborat, quod Petrus ille Melendeſius, cum improbitatis ſuæ ſociis violare, & quantum in ipſo fuit, diſſoluere non eſt veritus.

Aphricani,

Carolo IX. Regi Galliarum oblata.

Aphricani, quorū præcipui erant Carthaginenses olim quacunq; leuissima oblata occasione, in pactis erant perfidissimi, quod ipsis tandem extremo fuit exitio, & in hodiernum vsq; diem hæc ipsis infamiæ nota ascribitur.

Romani contrà, gens fidei tenacissima, tantę erant constantiæ, vt perfidiæ crimen quouis cane peius & angue odio haberent, atq; execrarentur, & datam fidem atq; fœdera etiam cum hostibus crudelissimis inita sanctissimè colerent, nec vnquam de dissoluendis iis in animum inducerent. (vtinam ô Petre Melendesi tua hæc laus foret, tuorumq; propria, qui tàm perfidè eam fefelleris, vt & sacrosanctum D E I nomen desuper inuocaueris, D E V M ipsum sceleris tui crudelissimi tanquam testem & consortem faciens.)

Nulli equidem nostrum obscurum est, D E V M sceleratis sæpe laxare fræna, & ipsorum opere tanquam instrumentis suæ prouidentiæ vti, siue vt nos de delictis nostris commonefaciat, siue vt isti iustam scelerum suorum metam promptius contingant, & pœnas sibi ipsis accelerent atq; accumulent. Verùm hoc in eum fit potissimum finem, ne videlicet securi de iustitia, deq; extremi & tremendi iudicii die, per peccata nostra paternas admonitiones negligamus, & in æternum lugendi pereamus.

Est & illud eiusdem argumēti; quòd tam scelera hominum, quàm iustum D E I iudicium æquis simul passibus sibi procedant obviam, ita vt D E V S vindictæ & vltionis tarditatem, tandem grauitati pœnarum seuerè compenset.

Vnum restat Rex Christianissime, nimirum vt M. V. tot viduarum atque orphanorum orbitatem, & nostras has ærumnosas lachrymas, gemitus, & angustias grauissimas animo condolente commiseranteq; percipere non dedignetur; eos quoq; altius pectori infixos, oculisq; obuersantes sedulò contueatur, quorum parētes, filii, fratres & consanguinei, ipsius M. V. subditi, per hoc immane Petri Melendesij facinus miserè interierunt.

Tametsi verò hoc nostrum infortunium casusque miserabilis ad Regiam M. V. in specie nō ita pertingat, & hæc iniuria quæ solùm ad priuatas quasdam personas pertinet, facilè obliterari possit; quicunq; tamen cordatus fuerit rectè iudicabit, eandem hanc etiam ad M. V. existimationem & gloriam non minùs attinere, quam ad salutem facultatesq; nostras priuatas.

Quid quæso M. V. animo conciperet, quid intenderet, si decus & Maiestatem tanti sui nominis contaminari, aliorúmque calumniis & sannis exponi, iussa & mandata Maiestatis suæ negligi & respui videret? Quid si molimina sua & conatus, à quoquam iniuriose & violenter impedirentur, aut penitus etiam inuerterentur? Quid denique, si promissa fides & iusiurandum non tantum turpiter labefactarentur, sed & ipsi Legati & Commissarii Maiestatis V. contra ius gentium, quibusuis iniuriis afficerentur, adeóque è medio prorsus tollerentur? Equidem existimamus M. V. arma intrepidè capturam, & D E I omniúmque opem imploraturam, maximè si iuuentutem suam spectatam & intactam simul cum antesignanis & præfectis; contra ius belli & æquitatem omnem, imò contra fidem pactam atque iusiurandum datum interimi & mactari coràm aspiceret.

Epift.fuppl.Carolo IX.Regi Gall.oblata.

Hoc equidem illud ipfum eft, quod ab Hifpanis Maieftati V. hac tempe-
ftate illatum ac intentatum conquerimur, dum Maieftatis V. exiftimationi de-
trahendo illuferunt, dum Maieftatis V. mandatis rebelles fe oppofuerunt, duces autem & legatos veftros prorfus fuftulerunt.

Quoufq; ergò M. V. improbitatem & tyrannidem hanc latronū iftorum
in fubditos fuos latura? quóve filentio ftragem horū præteritura? aut quoufq;
illorum incurfationes & infultus toleratura eft? fcilicet vt pro tot tantisque fla-
gitiis præter licentiæ impunitatem, premia etiam nunc preciumque ifti fcele-
ratiffimi reportent.

Nos verò de M. V. longè aliter fentientes & fperantes optimè, votis ar-
dentiffimis D E o fupplicamus, vt Maieftatem V. regat, tueatur & confirmet,
atque fortitudinis fpiritum in ea exufcitet, vt hanc iniuriam ab Hifpanis acceptam vindice gladio afferere atque rependere valeat.

Confortetur itaque Maieftas V. fpiritu mafculo, & dono fortitudinis ex-
ultet, dignum M. fua atque maioribus factura, fi labem hāc gloriofiffimo Gallorum nomini afperfam eluere actutum accingetur, ftatués in parricidas hofce
exemplum talibus aufis condignum.

Aderit D E v s propofito, tam piè tamq; honeftè fufcepto, & Maieftati
V. protectione fua auxilioq; affiftet.

Proinde M. V. preces fubditorum fuorum fupplices fufcipiat, & quantum animi promptitudine, quantumq; fide ipfis debita valuerit, defenfos eos,
promotosq; velit. Hac quidem via per totum orbis Chriftiani ambitum Ma-
gnanimitatem fuam in defendenda fubditorum falute, tutandaq; eorum innocentia teftatam faciet.

Poftquam ergò M. V. regia aures precibus noftris iam apertas præftite-
rit, placidéq; eas admiferit, nullum profectò aliud maius facrificium, ô R E X
Clementiffime & Chriftianiffime pro innocenter profufo tuorum fanguine,
próq; vindicta tam iuftis rationibus fufcepta D E o vnquam obtuleris, atque
has ipfas quas immitibus latronibus iftis pœnas irrogaueris, vt fontes ex merito
plectantur, & ex numero viuentium fublati pereant radicitùs.

Hoc ipfo etiam facto M. V. non folùm peremptorum cognatos & liberos, precesque has exaudierit, & ægritudines eorum delinierit, verùm etiam
exhibebit fe Regem verè dignum tantis fuis titulis, & plebis fuæ Patriæque patrem fideliffimum.

Precamur autem ex imis animi noftri penetralibus, vt D E v s opt. max.
Maieftatem V. in multos annos faluam faxit & incolumem, & regna fua placidè beatéq; moderantem clementiffimè conferuet. Gubernet etiam Maieftatem V. fapientiæ fpiritu, vt omnia confilia veftra in falutem Regni
Gallici, & fubditorum eius, atq; adeò ipfius M. V. honorem
atque gloriam vergant & dirigantur
perpetuò.

F I N I S.

GALLORVM IN FLORIDAM NAVIGA-
TIONE SVB GOVRGVESIO,
ANNO 1567.

GOVRGVESIVS Capitaneus ac nobilis Burdelagenſis, iniu-
riæ atque ignominiæ genti ſuæ ab Hiſpanis illatæ vlciſcendæ
cupiditate impulſus, pecuniam ab amicis ſuis mutuò ſumit, ac
partem bonorum ſuorum vendit, vnde tres naues mediocres
ſibi comparat, rebusque omnibus neceſſariis communit, quibus 150. milites cum octoginta nautis ſub capitaneo Caſenouo legato ſuo, ac
Franciſco Burdegalenſi nautarum magiſtro imponit. Deinde cùm vigeſimo
ſecundo die Auguſti, anno 1567. portu ſoluiſſet, atque aliquandiu cum ventis ac tempeſtatibus aduerſis certaſſet, tandem ad inſulam Cubæ appulit. Inde
ad promontorium S. Antonij in extremo illius inſulæ peruenit, quod abeſt a
Florida circiter ducentas leucas: vbi præfectus conſilium ſuum, quod hactenus
ſuos celauerat, illis aperit, rogans atque adhortans eos, ne ſe hoſtibus tam pro-
pinquum, ipſi tam bene rebus omnibus muniti, ac in tali occaſione deſererent.
Quod illi omnes iureiurando polliciti ſunt, tanto cum ardore, vt plenilunium
expectare non poſſent ad fretum Bahamiæ tranſeundum. Sic ergo Floridam
petiuerunt, quæ paucis poſt diebus ipſis apparuit: Hiſpani autem ex caſtris ſuis
eos duobus machinarum bellicarum ictibus ſalutauerunt, arbitrantes eos eſſe
ſuæ gentis: Gourgueſius verò Hiſpanos pariter reſalutauit, quò eos in illo erro-
re confirmaret, ac commodius incautos opprimeret: præternauigans tamen
aliò ſeſe ire ſimulauit, donec a loci illius conſpectu ſeſe ſubtraxiſſet: Dein de
nocte in terram deſcendit quindecim leucis procul à caſtris, è regione fluminis
Tacatacouron, quod Galli Sequanam dixerunt, quia illis Sequanæ Galliæ ſimile videretur. Cumq; ripam Barbaris armatis arcubus & ſagittis repletam vidiſſet, præter ſignum pacis quod illis ex nauibus oſtendi iuſſit, tubicinem ſuum
ad eos mittit, qui ipſos ſecuros redderet, affirmaretq; ſe non aliam ob cauſam
veniſſe, quàm ad amicitiam ſocietatemque antiquam Gallorum cum iis reno-

uandam. Quod tubicen ille tam bene exequutus est (habitauerat enim anteà
in istis regionibus sub Laudonniero) vt à Rege Satouroua, qui reliquis maior
erat & potentior, præter amicitiæ & societatis promissa, capream aliosq; cibos
ad milites reficiendos & recreãdos reportaret. Illi autem tripudiãtes in signum
lætitiæ discesserunt, ad Reges omnes Satouriouæ cognatos certiores faciẽdos,
vt eò loci postridie conuenirent ad amicitiam cum Gallis contrahendam:quo-
rum præfectus interea vadum fluminis contabatur,vt suis nauibus prospiceret,
commodiúsque cum istis Barbaris negotiaretur. Postridie mane Rex magnus
Satouroua,Tacadocorou,Halmacanir,Athore,Harpaha, Helmacape, Hely-
copile,Molona,alijq; illius cognati & affines comparuerunt cum armis suis cõ-
suetis : dein miserunt oratum Præfectum Gallorum vt ad se descenderet: quod
ille fecit cum gladiis & catapultis, quas tamen vt sui deponerent ,iussit:post-
quam Barbari,qui de eo conquerebantur,hortatu Gourguesij sua arma pariter
deposuissent, ac auferri iussissent in mutuæ fiduciæ testimonium, ita vt Galli
solos gladios retinerẽt. Quod cùm factum esset, Satouroua ad ipsum progres-
sus, eum ad dexteram suam sedere fecit, in sede lentiscina musco tecta, suæ simili: posteà duo ex senioribus sentes herbasq; alias,quæ coram ipsis erant,euul-
serunt, ac loco benè purgato omnes in vrbem supra terram sederunt. Híc cùm
Gourguesius loqui vellet, Satouroua præoccupat, enarrans ipsi mala incredi-
bilia, continuasq; iniurias, quas omnes Barbari cum vxoribus & liberis, ab Hispanis inde ab eorum aduentu, aliorumq; Gallorum strage perpessi essent,seq;
testatur perpetuo desiderio flagrare tam insignem proditionem non minus seuerè vlciscẽdi quàm proprias offensas, propter firmam illam amicitiam, quam
erga Gallos semper gesserint, si modo sibi auxilium præstaretur. In quam rem
cùm Gourguesius iureiurando opem & auxilium suũ promisisset, societatem-
que ipsi mutuò inter se iurassent, Gourguesius quædã munera illis dedit,nem-
pe pugiones,cultros,specula,secures,annulos,tintinnabula,& alia similia nobis
quidem ridicula, regibus verò illis valde pretiosa: qui præterea, cùm illis plura
offerrentur, petiuerunt quisque sibi indusium ,quo diebus tantum solennibus
induerentur,ac cum quo post mortem sepelirentur. Quod cùm impetrassent,
ac vicissim rex Satouroua duo fila granis argenteis plena,& singuli reges pelles
aliquas ceruinas, suo more paratas & ornatas, Capitaneo Gourguesio dedis-
sent,discesserunt illi tripudiantes ac læti valde,postquam promisissent se omnia
occulta habituros,ac in eũdem locum validas copias ex suis subditis egregie armatis collectas ad vindictã de Hispanis sumendã adducturos. Intereà Gourguesius cùm diligenter de omnibus interrogasset Petrum de Bré Gallum natum ex
oppido,quod Haure de grace dicitur, (qui superioribus annis è castris aufuge-
rat per syluas, dum Hispani alios Gallos interficiebant, atque ab eo tempore à
Satouroua educatus fuerat, qui eum tunc huic Præfecto dedit) eius relationi-
bus & consiliis multum vtitur, mittitq; aliquot ex suis qui castra statumq; hostium explorent, quos duci iubet ab Olotocara Satouriouæ nepote, quem hic
in eum finem illi dederat, atque vt esset obses in locum Estampesij nobilis Co-
mingensis & aliorum, quos ad hostium statum explorandum mittebat. Præ-
tereà

terea dedit etiam ipsi filium suum nudum, quales sunt omnes, atque ex suis v-
xoribus eam quam magis diligebat, natam 18 annos, musco arborū indutam:
qui simul per tres dies in nauibus asseruati fuerunt, donec illi ab exploratione
rediissent, ac Reges quæ polliciti erant, impleuissent.

Cum tempus proficiscendi constitutum esset, locusque vbi omnes præsto
esse deberent Barbaris assignatus vltra flumen Salinacani, quod a nostris *Som-
me* vocatur, biberunt omnes magna cum solemnitate potionem illam (quæ
Cassiné dicitur, fitque ex quarumdam herbarum succo) quam consuerunt bibere quotiescumque in aliquem locum periculosum se conferunt: talique virtute prædita est, vt illis famem & sitim per viginti quatuor horas tollat, fuit-
que Gourguesio necesse simulare se de illa quoque bibere: posteà manus sustu-
lerunt, iuraruntque omnes se ipsum numquam deserturos. Sequutus est i-
psum Olotocara hastam manu tenens, omnesque præsto fuerunt ad flumen
* Saranala, nó sine maximo labore, propter pluuias, & loca aquosa per quę trãs- *al. Sara-
ire necesse fuit: quæ impedimenta iter ipsorum remorantia, famem augebant, *bahi*
quod nihil reperirent in via quod ederent, nec adhuc descenderat scapha cum
commeatu, qui ex nauibus aduehebatur, ad quarum custodiam & refectionem
relictus erat Burdegalensis cum reliquis nautis. Intellexerat autem præfectus
Hispanos esse quadringentos, distributos in tria castra, quæ erecta & munita,
ac egregie instructa erant supra Maii flumen, ac præsertim maiora castra prius
a Gallis extrui cœpta, deinde ab Hispanis perfecta: ad quorum primarium ac
periculosiorem accessum duabus leucis inferius ac propius fluminis ostium a-
lia duo minora castra construxerant, quæ flumine interiecto propugnabantur
a 120 militibus, aliquot tormentis bellicis, & aliis munitionibus quas in ea contulerant. Inde a Saracary vsq; ad minora illa castra duarum leucarum erat iter,
quod valde incommodum & molestum illis fuit propter pluuias continuas.
Dehinc a flumine Catacouru proficiscitur Gourguesius cum decem sclopetariis ad exploranda prima castra, eaq; postridie summo mane aggredienda: quod
tamen perficere propter cæli iniuriam & noctis obscuritatem non potuit. Rex
Helicopile cū videret eum ægre ferre quod voto frustratus esset, promittit certo se eum per facilius & commodius, quamuis longius iter, ducturum: ac eum
per syluas ductans, in prospectu castrorum collocat, vnde animaduertit locum
quendam in quo quædam tantum fossarum initia apparebant. Quare postquam riuum qui illac præterfluit contari iussisset, exspectat donec æstus maris, qui tum ascendebat, defluxisset, ac milites suos traducit circiter horam deci-
mam matutinam in locum vbi conspexerat syluulam quandam inter riuum &
castra (ne ab Hispanis conspiceretur dum milites traduceret ac in ordinem cogeret) iubens *furnimenta*, quæ vocant Galli, ad galeas alligari, ac enses & cata-
pultas manu sublatas ferri, ne aqua quæ ad cingulum vsque pertingebat ma-
defierent; in qua ingentem multitudinem ostreorum magnorum repererunt,
quorum testæ tam acutæ erant vt plurimi iis læsi fuerint, alii calceos suos ami-
serint. Verumtamen simul ac transissent, ardore Gallico parant se ad pugnam,
pridie diei qui Quasimodo dicitur, mense Aprili anno 1568. Gourguesius igitur

I

cum hunc animi feruorem elanguefcere finendum non iudicaret, Legato fuo
Cagenouo viginti fclopetarios dat, & decem nautas cum poculis & vafis ad i-
gnem iniiciendum paratis, quibus portam incenderent. ipfe ex altera parte ca-
ftra aggreditur, habita prius breui oratione, qua fuos monebat de inaudita pro-
ditione, qua Hifpani erga eorum focios vfu fuerant. Sed cū adhuc abeſſent ducentis paſſibus a caſtris, confpicerenturque cum impetu ruere, bombardarius
vallo caſtrorum confcenfo, poſtquam ad arma conclamaſſet, vociferans Gallos
eſſe, emittit aduerſus eos duo fulmina colubrinæ arma Gallica geſtatis ac Laudonniero ereptæ. Cum autem tertiò iterare vellet, Olotocara ordinem fuum
feruare haud edoctus, feu potius ira commotus, vallum confcendit, ac haſtam
per medium corpus iam mortui traiicit. Gourgueſius tum progrediens, cum
Cagenouum audiſſet clamantem Hifpanos, qui tumultu audito armati con-
currerāt, fugere, illuc fe confert, ac eos inter fe & legatum ita includit, vt ex fex-
aginta hominibus ne vnus quidem effugerit; quorum quindecim feruati funt
ad eandem pœnam, qua antea Gallos affecerant. Hifpani interea qui in oppo-
fitis caſtris erant, indeſinenter tormentis-fulminabant; vnde oppugnantes
plurimum incommodi accipiebant, quamuis quatuor machinas in primis caſtris repertas ex aduerfo iam collocaſſent, ac in eos direxiſſent. Quo animad-
uerfo, Gourgueſius cum 80 fclopetariis fe in fcapham coniicit quæ opportune
tūc ibi occurrit, vt traiiceret in fyluam caſtris proximam, probe coniiciens ob-
feſſos, beneficio huius fyluæ in maiora caſtra, quæ vna leuca tantum inde diſta-
bant, effugere conaturos. Barbari vero reditum fcaphæ præ impatientia haud
exfpectare valentes, in aquam fe coniiciunt, arcus & fagittas vna manu extra
aquam tollentes, & alio brachio natantes. Hifpani autem vtramque ripam
tanta hominū multitudine coopertam animaduertentes, in filuam fugere
cogitant, fed a Gallis fclopis petiti, dein a Barbaris ad quos confugere volebāt,
repulſi, vita illis prius tollebatur, quam pro eius conferuatione orare poſſent.
In fumma, omnes ad vnum concifi fūnt, exceptis quindecim qui ad publicam
& infignem pœnam feruabantur. His peractis Gourgueſius præfectus cum
iuſſiſſet omnia quæ in fecundis caſtris inuenta erant in prima transferri, in quibus fe continere volebat, ad confilium capiēdum aduerfus maiora caſtra, quorum ſtatum nondum habebat exploratum: tandem certior fit ab vno ex ca-
ptiuis, in maioribus illis caſtris milites eſſe circiter trecentos rebus omnibus in-
ſtructos fub præfecto magnanimo & generofo, qui obfidionem & impetum
fuſtenturus eſſet, dónec illi fuppetiæ ferrentur. Cum autem ab illo ſitum, altitudinem, munitiones, & aditus cognouiſſet, deinde octo fcalas firmas paraf-
fet, ac totam regionem aduerfus Hifpanum commouiſſet, ne alicunde nunciū
vel auxilium aut perfugium haberet, egredi conſtituit. Interea caſtrorū præfectus Hifpanum quendam Barbari habitu mittit ad ſtatum Gallorum explo-
randū: qui ab Olotocara detectus omnibus modis perfuadere conabatur, fe in
fecundis caſtris fuiſſe, inde effugiſſe, ac cū vndiq; Barbaros cerneret, plus mife-
ricordiæ fperaſſe a Gallis: veniſſe autē in habitu Barbari, ne ab illis Barbaris agni-
tus trucidaretur. Sed collatus cū fupra memorato captiuo, ac conuictus quod

ex maioribus castris esset, ad pœnam cum aliis seruatus est: cum tamen prius Gourguesio narrasset rumorem esse in castris eum duo millia Gallorum secum habere, quorum metu ducenti sexaginta Hispani qui in illis maioribus castris erant reliqui, valde percellebantur. Quare Gourguesius eos in tali consternatione aggredi constituens, ac vexillarium suum cum quindecim sclopetariis ad castrorum & fluminis ostii custodiam relinquens, Barbaros de nocte proficisci, ac sese vltra citraque flumen in insidiis collocare iubet; ipse mane egreditur, secum supra memoratos captiuos duos ducens, qui illi reipsa ostendant quæ prius tantum verbis & pictura delineauerant. Cùm in itinere essent, Olotocara deuotus Barbarus qui Præfectum numquam deserebat, sic eum affatur: Se illi semper bene inseruiisse, ac quicquid iussisset præstitisse, sibi certum esse mori in maiorum castrorum oppugnatione, a qua tamen nullo modo abesse velit: Vnum tantum orare, vt vxori suæ daret quod accepturus esset ab ipso si euaderet, quo simul cum eo sepeliretur, ac in animarum locum lætius reciperetur. Cui præfectus Gourguesius postquà fidelem eius fortitudinè, amorem coniugalem, ac generosam honoris immortalis curà laudasset, respódit se malle eum viuum quàm mortuum honore afficere, ac sperare Deo iuuante se eü victorem reducturum. Simul ac castra in conspectu fuere, Hispani fulminibus tormentorü non pepercerunt, præsertim duarú duplicium Colubrinarum quæ in edito propugnaculo collocatæ, totü fluminis tractüm impetebant, quæ Capitaneü Gourguesium coegerüt statim motem syluis obsitum petere: a cuius imo castra initium capiebant, ad quorum extremüm alterum sylua se protendebat: ita vt satis tectus esset ad tuto, & sine damno accedendum. illic autem quietus manere constituerat ad matutinü vsq; tempus, quo decreuerat Hispanos scalis admotis aggredi ab ea montis parte vbi fossa non satis a latere munita ad defensionè videbatur, & vnde pars suorum in obsessos qui ad vallü defendendum sese obiicerent eiaculari posset, interea dum reliqui conscenderent. Sed Præfectus Hispanus infortunium suü accelerans, emisit e castris sexaginta sclopetarios, qui clam iuxta fossam progressi, numerum atq; animü Gallorum exploraturi propius accedunt: Galli autem viginti numero sub Casenouo inter castra & Hispanos egressos sese collocant ad eos reditü arcendos; interea Gourguesius reliquis iubet in eos a fronte impetum facere, nec nisi de propinquo loco & certis ictibus sclopos emittere, vt deinde facilius gladiis peterentur & interficerentur. Illi vero subito in fugam versi, ac a legato Casenouo in angustias redacti, omnes ad vnü perierunt. Quo facto, reliqui obsessi ita consternati fuêre vt nihil ad conseruandà vitam suà consultius sibi videretur quà in syluas proximas fugere, in quibus nihilominus sagittis Barbarorum qui eos ibi exspectabät petiti (quarü vna sagitta scutum & corpus Hispani cuiusdà ita transfixit, vt statim mortuus caderet) quidam faciè obuertere coacti sunt, Gallorum eos persequentiü manu occumbere præferentes: haud ignari se apud neutrà gentè misericordiæ locü inuenturos, quod vtramq; pari & atroci iniuria affecissent. Nec sane vlli ex illis reliqui facti sunt præter eos qui in exemplum futurü seruabätur. Castra capta sunt rebus omnibus necessariis instructa, nominatim quinq; duplicibus colubrinis, & quatuor mediocribus cū multis aliis minoribus tormētis, omnis generis, 18 doliis pulueris tormentarii, omnique genere armorum; quæ Gourguesius statim scaphæ imponi iussit, non autē puluerem aliamq; supelle-ctilē, quia hæc igne corrupta sunt. imprudentia cuiusdā Barbari, qui pisces co-quens, ignem admouit pulueri tormentario sparso & abscondito ab Hispanis ad Gallos primo insultu excipiédos; qui puluis igne accensus, armamentarium reliquasq; ædes, quæ ligneæ erant subuertit; Hispani qui reliqui facti sunt cū su-perioribus adducti, postquam præfectus illis iniuriā insignēqua totam gentem Gallicā immerito affecissent exprobrasset, omnes suspensi sunt e ramis earūdem arborū, e quibus Galli prius suspensi ab iis fuerant; quorū vnus qui quinq; Gal-los strangulauerat culpā agnoscens, iustum Dei iudiciū sibi meritas pœnas irro-gantis confitebatur. Sed loco tituli quem Petrus Melendez iis imposuerat, his verbis Hispanice scriptis, (Hoc non facio tamquam Gallis, sed tamquā Luthe-ranis,) Gourguesius tabulæ abietinæ ferro candenti inscribi iussit, (Hoc nó fa-cio tamquā Hispanis vel nautis, sed tamquam proditoribus, homicidis & latro-nibus.) Postea cum videret sibi nimis paucos homines superesse, ad castra illa præsidio munienda, metuens etiam ne vel Hispani qui proximas terras obtine-bant, ea rursus occuparent, vel Barbari aduersus Gallos, si quos Rex eo mittere vellet, iis sese munirent, ea subuertere decreuit. Proinde cū reges omnes con-gregasset, iisq; illud persuasisset, statim iussu eorum subditi vndiq; tanto cū ani-mi ardore accurrerunt, vt vno die tria illa castra funditus euersa & solo adæqua-ta sint. Quibus peractis, Gourguesius cum ad naues redire vellet quas in flumine Sequana, Tacatacourou dicto, quindecim leucis illinc distante re-liquerat, Cagenouum & tormenta bellica mari præmittit, ipse cum octo-ginta sclopetariis armatis & quadraginta nautis hastatis, quod parum fide-ret Barbaris, per terram semper acie ordinata incedit, viasque Barbaris plenas inuenit qui eum muneribus & laudibus onerabant, tamquā regionū omnium vicinarum liberatorem: Inter quos anus quædam dicebat sibi nó amplius mori fore molestum, quandoquidem Hispanis pulsis adhuc semel Gallos in Florida conspexerat. Denique cum ad naues venisset, easque instructas, & ad nauiga-tionem paratas inuenisset, Reges hortatur vt in amicitia & fœdere quod cum Rege Galliæ qui eos aduersus omnes gentes defensurus esset cótraxerant, per-seuerēt. Quod omnes illi polliciti sunt, lachrymas ob eius discessum large pro-fundentes, ac præsertim Olotocara. Quos vt solaretur, promisit ipsis se intra 12 Lunas (sic enim menses numerant) rediturum, ac Regem suū ipsis exercitum, & cultros & multa alia munera resq; necessarias missurum. Itaq; iis dimissis, suis autem congregatis, & gratiis actis Deo de præteritis, precibusq; factis pro redi-tu prospero, tertio die Maii 1586, omnia parata fuēre: locus vbi omnes præsto essent assignatus, anchoræq; sublatæ ad nauigandum tam opportune, vt intra septemdecim dies vndecies centum leucas confecerint: vnde continuātes tan-dem Rupellam appulerūt sexto die Iunii, qui erat tricesimusquartus ab eorum discessu a flumine Maii: sine vlla alia iactura quam vnius nauigii & octo homi-num qui intus erant, cum quibusdam nobilibus & aliis qui in oppugnationi-

bus ca-

bus caftrorum occubuerant. Poftquam autem a Rupellenfibus læte & laute
exceptus fuiffet, tandē Burdegalam nauigat, & inde equis celeribus ad D. Mó-
lucium contendit, quo eum de fuperioribus omnibus certiorem faceret. Interea nūciatur illi Hifpanos certiores factos de rebus Floridéfibus, ac fcientes eum
Rupellæ effe, cū 18 nauigiis quæ *Pataches* dicuntur & vna naue *Roberge* dicta
ducentorū doliorum capace, vsq; ad locum qui *Che-de baye* dicitur peruenifle
eodem die quo inde ille profectus erat, ac Blayam vsq; eum perfequutos effe, vt
ab ipfo nauigationis eius rationem, aliam ab ea qua multos Gallos exhilaraue-
rat, expofcerent. Sed id fruftra: Iam enim Burdegalam peruenerat. Ab eo tempore Rex Catholicus certior factus Gourguefium non potuiffe capi, ingentem
pecuniæ fummam decernit illi, qui caput eius adferret: præterea Regem Caro-
lum orat vt de tam cruenti facinoris authore ac fœderis inter fe initi violatore
fupplicium fumat. Quare cum Lutetiam veniffet vt fe Regi offerret, ac eum e-
doceret non tantū nauigationis fuæ profperum fucceffum, fed & rationes quibus facile poffet omnes illas regiones eius imperio fubiicere, ad quam rem fe vitam fuā omnesque fuas facultates libenter impenfurum proteftabatur: tā va-
rie exceptus eft, vt tandem occultare fe diu coactus fit in aula Rothomagenfi,
anno circiter 1570. ac nifi illi a Præfide Marignyo, in cuius ædibus aliquamdiu
manfit, & Quæftore de Vacquieulx qui femper illi verus & fidus amicus fuit
fubuentū foret, in magno difcrimine verfabatur. Quod Dominicus ille Gour-
guefius animo reputas quam bene meritus effet de hoc rege Galliæ & aliis qui
eū proxime præcefferat, quamq; indignam mercede referret, grauiffime tulit.
Natus erat ille monte Marfano in Aquitania, ac Regibus Chriftianiffimis in
omnibus expeditionibus quæ abhinc 25 aut 30 annis factæ fuerant inferuierat:
tandem ad Capitanei munus & dignitatem euectus, impetum vnius partis exercitus Hifpani cum 30 militibus fuftinuit quodam in loco iuxta Sienam : quo
vi capto, ac reliquis interfectis, ipfe in teftimonium rari fauoris Hifpanici, trire-
mi imponitur: quæ cum in Siciliam nauigaret, a Turcis capitur, & Rhodum, ac
inde Conftantinopolim ducitur, paucis poft diebus a Romeguafio exercitus
Maltēfis duce rurfus capitur. Hac ratione ille domū reuertitur, nauigationem
in Africā inftituit, inde in Brefiliam, & mare quod *del Su* dicitur, fe conuertit.
Dein cupidus Gallici nominis vindicandi, in Floridam contēdit eo cū fucceffu
quē vidimus. Ita vt continuis facinoribus bellicis tū terreftribus tum maritimis
factus non minus intrepidus Capitaneus quā nauta peritus, Hifpanis formida-
bilis euaferit, Reginæ vero Angliæ ob virtutū fuarū meritū expetendus. Deniq;
anno 1582 a Domino Anthonio eligitur ad ducendam cū dignitate Thalaffiar-
chæ claffem, quam conftituerat mittere aduerfus Regē Hifpaniæ, qui anno fu-
periore Portugalliam occupauerat tamquam propinquior atq; aptior ad fucce-
dendū D. Sebaftiano, regi vltimo qui in pugna aduerfus Regē Fegium in Bar-
baria occubuerat. Sed Lutetia Turonas profectus ad certi aliquid de
negocio cōftituendum, morbo corripitur, ac tandē magno cū
dolore omnium quibus erat notus moritur.

F I N I S.

INDEX RERVM PRAECIPVE
MEMORABILIVM IN HAC
HISTORIA CONTENTARVM.

A

Adelano regulus   15.
Admiralius Castilioneus   6.
Adusta rex   18.
America quarta orbis pars   1.
    à quo dicta   1.
    eius diuisio   1. 2.
Americus Vespucius Florentinus   1.
Antillæ insulæ   2.
Apalatcy Floridæ montes   15. 19.
Arlacius Laudonnieri Signifer   13.
Astatlan prouincia   2.

B

Bahama insula   2.
Biminia insula Parerg.   1.b: 2.b:
Boriguena insula Parerg.   1. a: 2. b:
Brasilia   1.

C

Cailius primipili centurio Laudon-
    nieri   11. 13. 20.
    eius oratio ad Laudonnierum 11.
Calos rex   16. 17.
Canada prouincia   2.
Cannaveral   17.
Carolina arx   9.
    ab Hispanis occupatur   25.
Carolus ix. Gall. Rex   6.
Cassina, è cuius foliis potio   18.
Ceuola prouincia   2.
Christophorus Colonus   1.
Chilili   19.
Choya   19.

Cuba insula   2.

D

Didacus Columbus parerg.   1. a:
D. Georgii manica   27.
D. Ioan. de portu diuite insula parerg.
    1. a: 2. b:

E

Edelano insula   19.
Enecaque   19.
Ferdinandus Rex Parerg.   2. a. b.
Ferdinandus Sottus Parerg.   3. a.
Floridæ descriptio   1.
    fertilitas   2. 3.
    inventio Parerg.   1. a. b.
    situs Parerg.   1. b.

F

Francia antarctica   2.
Francia nova   1. 2. 7.
Franciscus I. Gall. Rex   2.

G

Gallorum in Florida crudelis cædes
    25. 29.
Gamas sinus   2.
Gratianus portus   6.
Grotaut   15. 19.

H

Hable de grace   6.
Hauana portus   18. 19. 30.
Hawquins naucleri Angli humanitas
    21.
Henricus vii. Angl. Rex Parerg. 1. b.
    2. a. b.

Hionacara

INDEX.

Hionacara regis vidua   18.

Hispaniola insula   2.

I

Iacobus Carterius   2.

Ioannes Pontius parerg. .1.a.b.2.b.3.a.

Ioannes Verrazanus   2.

Isabella Castellæ Regina parerg.2.a.b.

Isabella insula   2.

Iuventutis fons fabulosus parerg. 1.b.

L

Laudonnierus classis Gallicæ præfe-

    ctus   2.

     in eum coniuratio   12.

     in vincula coniicitur   13.

     in eum coniurantes Cubam de-

      prædantur.

     in eum coniurantium capita sup-

      plicio afficiuntur   21

     cum quibusdam è manu Hispa-

      norum elabitur   25.

Lucaya insula   2.

Ludouicus Cancellus parerg.   3.b.

M

Maius fl.   7.9.

Marracon regulus   16.

Martyres scopuli formidales   16.

Mathiaca regulus   16.19.

Mexicanus sinus   2.

N

Norumbega prouincia   2.

O

Oathkaqua regulus   17.

Onachaquara regulus   16.

Onatheaqua regulus   12.

Ottignius Laudonnieri legatus 8.13.

Oustaca regulus   12.19.

Outina regulus   12.14.17.

P

Patchica regulus   19

Peru prouincia   2.

Petrus Gambie   14.

Potanou regulus   12.

Q

Quiuira prouincia   2.

R

Ribaldus classis præfectus   7.8.22.

    eius classis ad scopulos alliditur

    24.

Robertvallus   2.

Rocheferrierius   12.14.15.

S

Sarropé lacus   17.

Saturioua regulus   7.9.17.

Sebastianus Gabotus Venetus pareg.

    2.a.b.

T

Terra Papagalli   1.

Tetlichichimichi prouincia   2.

Themistitan   2.

Tiniogua   14.

Typhones venti   23.

Villagagnonus   2.

PARERGON.
DE AVTORE ET OCCASIONE
HVIVS HISTORIÆ.

IACOBVS l'Moyne, aliâs MORGENSIS, natione Gallus, pictor egregius, qui in Historiæ contextu nomine Jacobi Morguesu citatur, vnus ex XV. illis, qui cum Laudonniero ex cæde euaserant, spectator & totius actus pars, rem actam Regi Galliarum redux ipse exposuit ordine; ab quo vt in tabulas referret admonitus, eam in suæ linguæ idiomate optima fide prosecutus est: sed priuatim sibi suisque asseruans, hactenus eam in publicum prodire noluit.

Verum paucis ab hinc annis cum LONDINI in ANGLIA versaretur honestus vir THEODORICVS de BRY Leodiensis & ciuis apud FRANCFORTENSES, cum Morguesio illo non vulgarem familiaritatem contraxit, & simul de rebus plurimis ad Historiam hanc pertinentibus instructus est, adeo vt de ea publicanda inter ipsos conueniretur.

Morgense interim e viuis sublato, ab eius vidua precio eam redemptam sibi mācipauit THEODORICVS prædictus, Anno 1587.

His ita se habentibus, omnibus notum esse cupimus, nos Historiam hanc nostram plane nouam, in lucem proferre, neque ex rumore aliquo, aut quouis fundamento futili, hinc inde eam compilasse, sed omnino nostri autoris textum sancte & religiose, obseruando exemplar Gallice ab autore ipso exaratum, Latino simul & Germanico sermone in publicæ vtilitatis gratiam ad verbum expressisse.

Adumbrationes autem & rerum gestarum effigies atque imagines ad viuum expressas, per autorem ipsum horum omnium spectatorem consignatas, & vbiuis cum mente textus congruentes affabre & artificiose in ære effinximus, & in gratiam ingeniosorum, vt res non narrari tantum, sed & geri coram luculenter videatur, publice proposuimus.

Qua in re si quid opera atque industria aut sumptibus etiam præstitum est, boni hoc atque æqui consulentes, vicissim honestum & ingeniosum virum THEODORVM de BRY Leodiensem, & ciuem apud inclytam FRANCFORTENSIVM ad Mœnum rempubl. cuius tum ipsius, tum eiusdem etiam liberorum in idem artificium assidue & excellenter incumbentium ope atque opera, quidquid id est omne constat, amore & beneuolentia vestra prosequamini, & eum studio ac fauore vestro dignum, ad maioraq; excitandum omnino existimetis.

MENDÆ

MENDÆ QVÆDAM PARTIM EXEMPLARIS
vitio, partim operarum typographicarum festinatio-
ne commissæ, sic corrigendæ.

Epist. dedic. pag. 2. fac. b. vers. 24. 20. Feb.

PAG. 1, *vers.* 3 1. *Francia* p. 5. *v.* 10, *cui e.c. exposita sunt, ar* p.8, *v.* 2 5, *iussit Laudon*
v. 29. *Ei resp. v.* 41, *instruendo* p. 10, *v.* 1 1, *vero de* p. 12, *v.* 19, *valuit ind. v.* 29,
Oustaca v. 37, *constituunt, v.* 3 8, *deligunt,* p. 13, *v.* 20. *quain fiu. v.* 27, *Seignore*
v. 40, *nomine v.* 41, *Fourneauxi-* p. 16, *v.* 1, *tanto huius* p. 17, *v.* 1 1, *freto naufr.*
p. 18, *v.* 17, *collecto* p. 19. *v.* 20, *Oustaca v.* 24, *Oustaca v.* 3 2, *Thraciam,* p. 20. *v.*
2 5. *Croixius, N.* p. 2 1, *v.* 14, *fames v.* 16, *verbera v.* 3 4, *Havuquins* p. 2 2, *v.* 6,
Ribaud v. 18, *bolide v.* 3 9, *esset: nocte v.* 40, *acta, post* p. 23, *v.* 1 2, *descensionem v.* 3 2,
hærentes vbi descenderunt: p.24, *v.* 2 1, *Tribunum,* p. 25, *v.* 1, *militaria figunt,* p. 26,
v. 13, *eum conciderunt.*

Figura 1, *vers.* 1. 9, *ibicum cor* 1111. 4, *conspectis, mi* v. 14, *animaduersis, illico fuga* VII.
2, *fluuiolum,* 1 6, *aduenerant, a. s. redierunt.* VIII. 1 5, *sesquipede* XII. 3, *icto, mut*
XIIII. 5, *colore* XX. 3, *cutim aperientes, sang* XXI. 10, *aliquam supel* XXIII. 2, *her-*
maphroditorum 4, *ferunt: hanc* XXV. 7, *lædantur, à* XXVI. 1, *inferunt:* 9, *squamas*
XXX. 1 1, *depressa ob* XXXIX. 13, (*vt ex iconibus v. l.*)

Parergo 3. *a v.* 12, *nobilitata* 1 2, *Attabaliba b. v.* 17, *Indicibus* 3 0, *excitandum.*
litera I 2, *f. b, lege in titulo,* de quarta Gall.

PARERGON
CONTINENS QVAE-
DAM QVAE AD PRAECE-
DENTIS NARRATIONIS ELVCIDATIO-
NEM, NON ERVNT FORSAN
INVTILIA.

Superiore narratione satis explicatum esse arbitror, quid Gallis (repetitis aliquot in FLORIDAM prouinciam nauigationibus) acciderit,
vt videlicet altera fuerit illis admodum funesta.

Existimaui autem non ab re fore, si de illius Prouinciæ prima obser-
uatione nonnulla ad calcem adderemus : varia enim est de illis qui primum illam aperuerint opinio.

De Inuentione FLORIDÆ.

NON procul ab HISPANIOLA Insula in ea mundi parte, quæ
a recentioribus nouæ Indiæ titulo celebratur, sita est & alia BO-
RIQVENA dicta. Hæc, mutato nomine, nostra ætate ab Hispanis vocatur Insula D. IOANNIS de Portu diuite.

Eam IOANNES PONTIVS Legionensis primus omni-
um perhibetur inuenisse, & in ea Præfecturam obtinuisse. Sed cum
hanc sedem sibi non satis tutam stabilitamue existimaret, propter DIDACVM,
magni istius & celebratissimi CHRISTOPHORI COLVMBI filium, Ad-
miralium seu Classis Præfectum Generalem, & Gubernatorem Regium per nouas Insulas (cuius potentiam suspectam habens, metuebat ne ex inuidorum machina-
tione per ipsum aliquando pelleretur ea insula) tempori sibi de hostibus euitandis, deq;
nouis sedibus inuestigandis consulere voluit.

Anno igitur salutis 1512 priuato sumptu instructis duobus celocibus commeatu
& militibus, vela in altum dedit, & tamdiu continentis littus ad Septemtrionem secutus est, donec Insulam BIMINIAM offenderet, quæ versus
polum Antarcticum, non vsq; adeo a feracissima illa &
amplissima insula CVBA est posita.

K

PARERGON.

Fons Iuuentutis.

Circa hæc ipsa tempora constans rumor spargebatur de scaturigine seu fonte a-qua cuiusdam medicamentosæ, cuius tanta esset virtus & naturæ vis, vt si quis eam potaret, quantumuis decrepitus, & plane iam canis obsitus, vi & efficacia eius adeò iuuenesceret, vt adolescentis viginti annorum florem & vigorem referre videretur.

Huius famæ celebratione PONTIVS illectus, multũ diuq; circa hanc insulam vagabundus, inuestigationi mirãdæ huius, sed fabulosæ interim scaturiginis, cuius tan-tæ virtutes prædicabantur, miro ardore indulsit, viresque plus detriuit indies, quam eas reparârit: nam vltra semestre varia circumuectus maria, varias molestias erran-do pertulit.

Toto itaque iactatus pelago, & spes tantas frustra prosequens, tandem primus ipse delatus est in nouas, & ante hac plane incognitas Indiæ Occidentalis oras mediterra-neas, ex parte continenti iunctas.

De nomine Regionis FLORIDÆ.

Ingressus itaque Regionem hanc PONTIVS, eam nomine FLORIDÆ in-signiit, quod casu in ipso PALMARVM festo, quæ festiuitas Hispanorum cõsuetu-dine PASCHA FLORIDVM dicitur, huc appulisset, primusque eam obser-uasset.

De situ seu positu Regionis FLORIDÆ.

Huius Regionis pars prominens seu anterior non dissimilis est manicæ, cuius cu-spis longo tractu in mare excurrit.

Longitudo eius circiter centum, latitudo verò quinquaginta miliaria Gallica, seu leucas patet. Extremum promontorium viginti quinque gradus ab æquinoctiali linea distat; dehinc paulatim sese explicat & expandit versus Thraciam ventum, siue æstiualem Solis occasum. Vndosa sunt circa eam cuspidem seu promontorium loca plu-rimæque Insulæ, Martyres nuncupatæ, quâ Orientem spectat.

Corollarium de variatione autorum circa Inuentorem.

Autores de Inuentore eius variant. M. VRBANVS CALVETO in spe-ciali tractatu suo Gallico, de Nouo orbe, quem collegit ex BENZONII Historia Italice scripta, originem inuentionis eius paulò antiquiorem facit, & eam ab Italis in-uentoribus, sub REGIS Britanniæ HENRICI VII. auspicijs deducit; quanquã _{Histor. ge-neral. lib.2. cap.1.} *Hispani suæ genti fauentes, sibi eam arrogent. Eius verba subijciam: Quantũ ad in-uentionem FLORIDÆ (inquit) eius palmã FRANCISCVS LOPESIVS de Gomara, Historicus Hispanus, suæ gentis hominibus ascribit, & Hispano cuidam IOANNI PONTIO LEGIONENSI attribuit; & hoc quidem eius rei gratia, vt axioma quod indubitatum esse sibi persuadet (cum tamen sit falsum) verũ esse asse-rat; nempe omnes Indiæ Prouincias ab Hispanis inuentas esse, exceptis quas CHRI-STOPHORVS COLVMBVS Genuensis Italus obseruarit.*

Qui

Gallorum in Floridam.

Qui verò hanc FLORIDENSIVM *Regionem primus inuestigarit, is certo*
indicio doceri potest, fuisse nauclerum Venetum, qui eam Anno 1496. primus ob-
seruauit: quam rem se ita habere Italus quidam nobili familia natus, Philosophiæ in-
super, & Mathematicarum scientiarum peritissimus constanter asseruit; qui se id ex
ipsius Naucleri inuentoris ore audiuisse affirmabat, & tum cum hæc affirmaret, mul-
tos adhuc superstites eius nauigationis comites, testes huius rei commonstrabat: qui
quidem si vir hic nobilis falsum asseruisset, ipsum mendacij arguere potuissent.

Hæc autem sunt ipsius viri nobilis Philosophi verba, quæ magnificis quibusdam In commen-
Venetis senatoribus dixit, cum de ratione inuehendorum aromatum ageretur. An tario de Iti-
ignoratis inquit (erat autē sermo institutus de inuestiganda orientali India, quâ Thra- neribus in-
cias ventus flat) quid egerit ciuis quidam vester, vir rei Nauticæ & Cosmographiæ uehendorū
adeò peritus, vt hodie in tota Hispania sibi parem non habeat; eum autem peritia & causa susce-
industria in tantum euexit, vt REX *Hispaniæ ipsum præfecerit omnibus naucleris in* ptis.
Occidentalem Indiam nauigationem instituentibus, à cuius etiam autoritate res nau-
tica ita pendet, vt nemini, nisi ipsius permissu vel eò nauigare vel rem nauticam exerce-
re liceat. Vnde nomen Supremi Naucleri tulit. Hic est Dominus ille Sebastianus Ga-
botus, quem ante aliquot annos inuisi, cum essem Hispali; ipsumque deprehendi pru-
dentem admodum & perhumanum. Nam honorificentissime me excipiens, plurima
singularia mihi commonstrauit; inter alia verò egregiam & artificiosissimam quan-
dam tabulam Cosmographicam, in qua delineatæ erant omnes peculiares nauigationes
Lusitanorum & Hispanorum.

Edocuit etiam me, qua occasione ad harum rerum cognitionem, & peritiam tam
perfectam euectus esset, vt videlicet pater eius Venetijs in Angliam negociationis er-
gò nauigarit, & Londinum vsque peruenerit, se admodum iuuene assumpto, non ta-
men adeò ignaro, quin iam humaniores artes & fundamenta Sphærica assecutus fue-
rit; patrem autem circa id tempus istic extremum diem obijsse, quo fama celeberrima
percrebuerat, Magnum illum Christophorum Columbum magnanima indagatione
sua aperuisse oras Indicas; & hæc fama adeo per Angliam, & in ipsa Regis Henrici Henricus
septimi, qui tum rerum potiebatur, aula inclaruerat, vt non humana industria, sed pla- VII. An-
ne numine quodam factum crederent, vt iter per occasum in ortum patere obseruatum gliæ Rex.
esset.

Huius igitur famæ gloria adeo inflammatus fui, vt ipse aliquod opus singulare
& immortale animo conciperem: cum igitur adiutus mathematum cognitione, Sphæ-
rica ratione mihi perspectum esset, nauigatione ad Thraciam ventum, qui medius est
inter occasum & septemtrionem, compendium itineris facturum ad Orientales In-
dias; Regiam Maiestatem de hoc proposito meo certiorem facere constitui.   Rex
Henricus septimus institutum meum summopere probauit, & naues duas suis sumpti-
bus instructas mihi præbuit.

Anno igitur 1496. in principio veris ex Anglia solui, iter inter occasum &
septemtrionem dirigens. Nec animus erat ad vllam regionem appellere, priusquam ad
Cataij oram maritimam peruenissem; hinc ad Indiam descendere proponebam. Sed
elapsis aliquot diebus me à scopo aberrasse animaduerti, & ad terram delatum, quæ ad
Septemtrionem tendebat; vix dici potest quam animo tum cōsternato fuerim: Nihilo-

minus propositum meum instanter urgens, & oras legens Septemtrionem versus, ipsum mihi scopum statuebam, sperans sinum aliquem me reperturum, qui se inter occasum & Septemtrionem conuerteret, donec ad poli nostri antarctici 56. graduum altitudinem peruenirem.

Huc euectus obseruaui littus declinare versus ortum: itaque omnem spem abijciens me istic fretum aliquod aut transitum reperturum, remensus sum iter confectum, ut littus ad æquatorem tendens diligentius obseruarem, semper sperans fretum aliquod inuentum iri, per quod in Indiam penetrarem: atq; tamdiu illud secutus sum, donec ad terram, quæ hodie nostris Florida dicitur, deferrer. huc profectus substiti, nec ulterius tetendi, quia commeatus deficiebat, & inde in Angliam redij.

Hic igitur Gabotus fuit, qui Regis Angliæ auspicijs primus FLORIDAM obseruauit, eaque ratione plus iuris in eam habent Angli, quam Hispani, si ad acquirendam Prouinciæ alicuius iurisdictionem sufficit primum omnium illam conspexisse. Porro hæc Gaboti profectio tantam illi laudem conciliauit, ut in Angliam rediens, eamque seditionibus & bellis ciuilibus turbatam reperiens, in Hispaniam concesserit, ubi à Catholicis Regibus Ferdinando & Isabella, humanißime exceptus fuit, traditisque illi nauibus ad Brasiliæ regionis oram maritimam lustrandam missus, cum classe eo profectus eam perlustrare non destitit, donec ad ingentem illum fluuium vulgo de PLATA, hoc est, argenteum cognominatum perueniret, quem aduersum ad sexcentas leucas subijt, existimans fretum quodpiam esse, aut meatum marinum, qui ab altera continentis parte se in mare exoneraret, & illi iter præberet in Orientalem Indiam.

Proximus post Gabotum, qui ad Floridam prouinciam peruenit (quantum quidem resciri potest) fuit Ioannes Pontius Legionensis, cuius ante facta mentio.

Pars altera, quomodo administrata fuerit Florida.

Pontius igitur ea Prouincia duntaxat salutata & exosculata, in Insulam D. Ioannis de portu diuite reuertitur, ea spe vt classe isthic parata ad occupandam FLORIDAM proficisceretur. magnas enim opes se in ea Prouincia reperturum putabat, & florentem statum stabiliturum: itaq; magnis impensis in paranda Classe factis, Hispanias petijt, ad obtinendam à Rege Prouinciæ illius occupationem, & occupatæ administrationem. Eò cum peruenisset Regiam Maiestatem de maximis à se laboribus & diuturnis periculis in impetuoso mari exantlatis edocet, ab eademque vt pro tot tantisq; exhaustis laboribus gubernatione & Præfectura, tùm Insulæ Biminiæ, tù Regionis FLORIDÆ donaretur anxiè contendit. Sed ægrè id obtinuit & intercessione magis amicorum, quàm ex proprio merito & officijs à se fidelißime præstitis voti petitionisq; compos factus est. Postquam iam Prouinciam hanc à Regia Maiestate obtinuisset, iter in Boriquenam Insulam, aliàs S. Ioannis de portu diuite, remetitur, & magnis impensis milites conscribens classem instruit, proponens animo suo per totam Biminiam Insulam & Regionem Floridensium nouas deducere colonias. Sed vbi littus FLORIDENSE vix contigisset, & socios, arma, commeatum, ac naualia exposuisset, iamq; in loco opportuniore oppidum & arcem condere moliretur; barbarorum turba, attonita horum barbatorum hominum & peregrinorum nauigiorum con-

spectu

ſpectu, telis ſuis venenatis inopinato ipſos opprimunt, tantoque impetu in ipſos ea tor-
quent, vt magna ſociorum parte cæſa, reliqui turpi fuga ſibi conſulerent, & nauibus
conſcenſis abirent.

Infelix aduentus Pontij in FLORIDAM.

Pontius ipſe in hoc tumultu iaculo infecto lethaliter vulneratus, vnus è fugien-
tibus fuit, & vento Cubam Inſulam delatus ex vulnere iſtic expirauit. Sed nec ſolus
Pontius vita exutus occidit, ſiquidem multi Hiſpanorum, quos huius expeditionis ſo-
cios aduexerat ex telorum veneno grauiter ſauciati partim ocyus, partim ſerius gra-
uiſſimis & intolerabilibus cruciatibus prius excarnificati, animas efflarũt. Nec enim
vlla medicina huius veneni inflammationi reſtinguendæ ſufficiens excogitari poterat,
ita factum eſt vt tunc temporis, intacta & inculta relinqueretur: inuentori ſuo exitio-
ſa quidem, ſed ipſa ex cæde ipſius nobilitate exiſtens.

Ferdinandus Sottus FLORIDAM inuadit, Anno 1534.

Multo tempore deinceps propter Incolarũ ferociam & fortitudinem intacta
fuit, nec quiſquã cum barbaris tam pugnacibus congredi auſus fuit, donec multis annis
poſt, Ferdinandus Sottus generalis Præfectus militum Hiſpanorum (qui ex præda à
Rege Peruano Attabalibe capta, magnis diuitijs auctus erat) animo iam ad maiora
inflammato ab Imperatore Romano obtinuiſſet, vt expeditionem in Prouinciam hanc
ſuſciperet, & deuicta dominaretur. Js circiter annum triceſimum quartum ſupra
milleſimum & quingenteſimum, quingentorum militum, inter quos multi veterani,
copijs inſtructus, vento ſecundo in eas oras delatus eſt : ſed nihil aliud ſomnians, quam
auri fodinas, hac illac vagari cœpit: fodinas iſtas requirens, nulla interim ſollicitudine
ductus, vrbem aliquam condendi, aut coloniam traducendi; verùm non reperiens eas
opes, quas iam animo deuorarat, milites in mediterranea abducens, excurſionibus &
impreſſionibus ſubinde factis miſerè incolas diuexabat, & animum ad auri & gem-
marum theſauros plane conuertens, paſſim earum fodinas perſcrutabatur. Siquidem
perſuaſerat ſibi hanc Regno Peruano fertilitate auri & fodinarum vbertate non fore
inferiorem.

Hinc aureos ſibi montes pollicens, & immenſas animo ſuo diuitias concipiens,
non tantum de Imperatoriæ Maieſtatis fauore & gratia (ob reditus quos annuos Ca-
meræ Cæſareæ penderet) intime obtinenda : ſed de nominis & famæ etiam apud
poſteritatem immortalitate conſequenda, magnam animo ſuo ſpem fidemque fe-
cerat.

Ferdinandus Sottus ſpe ſua deijcitur.

Poſtquam vero integrum quinquennium incolas in fodinis habuiſſet ærumno-
ſiſſimos, neque quicquam commodi vel lucri inde ad ſe rediret, operamque & oleum,
quod dicitur, perdidiſſet, non tantum ſocios ſpe inani lactatos fiducia deiecit, ſed
& ipſe ob auaritiæ morbum, & conſiliorum confuſionem langueſcens contabuit:

Hiſtoria luctuoſæ expeditionis

Videns enim ſe tanta ſpe & molimine cecidiſſe, impenſis fruſtratum, & ſibi cum dede-
core ab incepto deſiſtendum, æger ipſe animo, ſeq; excrucians ex mœrore tandem con-
ſumptus vitam finijt. Socij eius plerique omnes à barbaris attriti, & è medio ſublati
perierunt.

Hiſpani ſollicitatores repulſam tulerunt.

Exitiale hoc Ferdinandi Sotti fatum, nihilo plus aliorum animos abſterruit, quo
minus & ipſi fortunam ſuam in barbaris hiſce experirentur, & ſpe aureorum mon-
tium hoc profectionis tædium alleuarent.

1544.   *Anno 1544. multi extiterunt, qui hanc Regionem domitam Hiſpanorum*
imperio adijcere ſibi pollicerentur; Jnter hos maxime claruit Iulianus Samanus &
Petrus Ahumada, qui de occupanda & adminiſtranda ea Maieſtatem Regiam ſol-
licitarent.

Sed nec Carolus V. Imperator, qui ea tempeſtate in Germania belligerabatur,
nec Philippus huius filius, qui Hiſpanias abſente patre imperio regebat, conſentien-
te etiam his Camera ſeu Conſiſtorio Indiano, cuiquam plenariam poteſtatem huius
regni debellandi, aut nauigando exquirendi commiſerunt: quippe ſubolebat ipſis, &
vel iudicibus, vel coniectura conſequi poterant, Sottum cum ſocijs ſuis libertate &
poteſtate inſolenter abuſos, & ex nimio habendi ardore miſeris incolis in fodinas me-
tallicas detruſis, tàm crudeles tamque intolerabiles extitiſſe; quæ res conſpirationi
occaſionem præbuerit, vt Sottus cum ſocijs funditus exſtirparetur, conducibiliusque
eſſe duxerunt, Monachos eò mitti, qui concionibus hos feroces homines ad Chriſtia-
nam religionem amplectendam pellicerent, quàm milites, qui vi cogerent.

Dominicani precibus & ſuauiloquentia Barbarorum animos
aucupari tentant.

Huc accedebat, quod Monachi quidam ex Occidentali India recèns reuerſi,
publice per Hiſpaniam concionarentur, magnam iniuriam miſeris illis fieri, dum mili-
tes eò ablegantur, qui ipſos ad ſeruitia pertrahunt, ipſos deprædarentur, atque occide-
rent, cum ad veram DEI cognitionem adduci poſſent, ſi qui ipſorum lingua vernacu-
la ipſis concionarentur. Ea de cauſa Monachi delecti, qui in FLORIDAM aliasq;
prouincias mitterentur, ad Barbaros & feroces iſtos blandimentis potius, & verbo-
rum lenocinio demulcendos allic iendosq; quàm armorū truculentia, & ſuppliciorum
rigore prouocandos, aut in furorem agitandos eſſe; cum inſuper vltrò fidem facerent,
ſe autoribus hoc negocium ita conſieri poſſe, neque ſe ſolum precibus & ſuauiloquentia,
hos Chriſtianæ fidei atque religioni, ſed etiam Romanæ Cæſareæ Maieſtatis imperio
lucrifacturos; Huic Monachorum orationi, Imperator & Conſiſtorij Indici aſſeſſo-
res facile perſuaſi aſſenſerunt, & probantes conſilium tàm ſalutare, hanc prouinciam
ipſis commiſerunt.

1549.   *Anno itaque 1549. Frater Ludouicus Cancellus de Baluaſtre Ordinis San-*
cti Dominici, adiunctis ſibi quatuor ex eodem ordine itineris ſui comitibus & nego-
ciorum ſocijs, peregrinationem hãc ſumptibus Cæſareæ Maieſtatis publicis ingreditur.

Vbi

PARERGON.

Vbi iam fausto alite perfecisset iter, placidè ad littus adremigant, & loco ouationis, & moris à nauarchis recepti (quo tormentis bellicis magno fragore boantibus infuetis, & hominibus feris terrorem incutiunt) nostri hi religiosi, nil præter cruces rubentes in pacis signum manibus præferunt.

Frater L V D O V I C V S socijs & nautis quibusdam comitatus, terræ sese exponit inermem, nulloq; telorum præsidio munitum, vt qui pacis Euangelium denunciare, nec armorum vim, aut gladiorum aciem precibus suis obtendere præsumat.

Monachi à Barbaris discerpti.

Exorditur Euangelij prædicationem L V D O V I C V S, sperans barbarorum animos consolatione Euangelica mitigari posse; quod quidem non abs re fuisset, nisi animi eorum diuturnis vexationibus adeò exasperati fuissent, vt plane intractabiles redditi fuerint (sunt enim huius Regionis Incolæ reliquis barbaris paulo mansuetiores, nec vt reliqui humana carne vescuntur) Ergò vt primum in conspectum venerunt, illi accelerantes confertim accurrere, & gregatim eos circumfluere, non quidem vt Euangelicæ prædicationi auscultarent, sed vt fustibus tanquam insanos eos mulctarent, & prostratos perderent. L V D O V I C V S quantum oratione; quantumq; verborum suauitate atq; eloquentia valebat, animos eorum demulcere; illi tanquam surdo fabula caneretur, obturatis auribus contra tēdere, irruere, vociferari. Hic ergo inani verborum strepitu auras ventosq; lacessens à tumultuantibus vrgeri, obrui, & vna cum duobus ex socijs in conspectu reliquorum misere discerpi, vitaque breui momento priuari.

Reliqui conterriti hoc spectaculo, & tam tragico suorum exitu, fuga sibi ocyus prospiciunt, satius existimantes inter ordinis sui confratres pietatis laude consenescere, quam apud hos tam inhumanos, & moribus plane rusticis præditos, corona martyrii insigniri, naues conscendunt, vela ventis implent, & re infecta Hispanias repetunt.

Corollarium.

Quidam domesticorum F E R D I N A N D I S O T T I, qui à morte Domini sui in istis locis vitam degerat, & in Monachorum nauem fuga euaserat, pro comperto retulit barbaros L V D O V I C O comitibusque occisis cutem integram detraxisse, suorumq; idolorum in delubris ad æternam rei gestæ memoriam suspendisse.

Conclusio.

Hæc ergo ea est R E G I O F L O R I D A, de qua in nostro præcedente fusius actum est Compendio; quæ olim ob clades Hispanis illatas inter reliquas Indiæ prouincias claruit; nostra vero ætate ob Gallorum in ea fatum lamentabile, & cum summa iniuria eiectionem per Hispanos factam, longe clarior euasit, multoque nobilior.

FRANCOFVRTI AD MOE-
num, apud Ioannem Wechelum, impenſis
Theodori de Bry.

M D XCI.

www.ingramcontent.com/pod-product-compliance
Lightning Source LLC
Chambersburg PA
CBHW052138090426

42741CB00009B/2127